J. Maxwell

La

Philosophie sociale

et la Guerre actuelle

Paris, FÉLIX ALCAN, Éditeur.

La
Philosophie sociale
et la Guerre actuelle

AUTRES OUVRAGES DE M. J. MAXWELL

LIBRAIRIE FÉLIX ALCAN

Les phénomènes psychiques. Préface de M. Ch. Richet, 4ᵉ édit., revue. 1909. 1 vol. in-8. . . . . 5 fr. »

Psychologie sociale contemporaine. 1 vol. in-8. 6 fr. »

Le Concept social du crime. *Son évolution.* 1 volume in-8°. . . . . 7 fr. 50

———

Le Crime et la Société. Paris, Flammarion, 1910.

Manuel du Juré. Paris, Flammarion, 1913.

La
Philosophie sociale
et la Guerre actuelle

PAR

J. MAXWELL

PARIS

LIBRAIRIE FÉLIX ALCAN

108, BOULEVARD SAINT-GERMAIN, 108

—

1916

INTRODUCTION

Ce petit livre n'est pas l'exposé d'une doctrine, mais l'abrégé des longues méditations d'un Français, dont l'éducation, les moyens d'information, les connaissances diplomatiques, militaires ou politiques ne dépassent pas sensiblement le niveau moyen. Ce citoyen a souffert comme beaucoup de Français des maux de la guerre; son âge l'éloigne des armées, et l'incline aux réflexions. Ses habitudes le poussent à l'analyse des faits sociaux qu'il observe.

C'est le résultat de ses réflexions et de ses analyses qu'il soumet à ses concitoyens. Les premières paraîtront manquer d'originalité, les secondes de profondeur. Ce Français en convient

*volontiers; il ne dit rien de nouveau, et c'est jus-
tement pour cela qu'il le dit.*

*Le but de son livre est de provoquer des
réflexions, des décisions, des résolutions. Il
expose les siennes, sans les prétendre parfaites,
ni meilleures que d'autres, mais il donne les raisons qui le déterminent. Il y a, pour ses préférences, des motifs qui dépendent de ses idées
personnelles, de son appréciation des valeurs
sociales. D'autres Français auront d'autres idées,
d'autres échelles des valeurs. Ils peuvent avoir
raison; c'est au public de se prononcer, c'est
à lui de formuler son opinion, qui sera décisive.*

*Nous sommes tous d'accord en France pour
souhaiter une paix solide et durable; une paix qui
soit juste, prudente, et qui, en ménageant tous
les intérêts en conflit, ait surtout le souci de ceux
de notre pays et de nos enfants. C'est une question trop grave pour que chacun de nous n'ait pas
le devoir de solliciter ceux qui forment la volonté
du peuple.*

Mon livre est le discours que j'adresserais

à mes concitoyens si j'étais Athénien, et que l'assemblée du peuple fût réunie, dans l'Agora, pour discuter les conditions de la guerre et de la paix avec les Perses.

LA PHILOSOPHIE SOCIALE

ET LA

GUERRE ACTUELLE

I

Les Causes de la Guerre.

Causes économiques. — Causes politiques. — Le Pangermanisme et l'Unité allemande. — Le Pangermanisme est un nationalisme exagéré. — Ses Prétentions. — La Démocratie sociale. — Le Gouvernement et les Socialistes.

La déclaration de guerre n'a pas étonné les Français instruits, mais elle les a surpris. Quand on se représente les heures graves qui ont précédé la catastrophe, quand on essaye de retrouver les idées qui se pressaient alors dans l'intelligence, on aperçoit clairement l'absence d'étonnement et la surprise. Depuis deux ou trois ans, tout esprit averti comprenait que l'Allemagne demanderait à la guerre la solution des difficultés intérieures au milieu desquelles le puissant Empire se trouvait placé. Ces difficultés étaient connues; les unes étaient d'ordre économique, les autres d'ordre politique.

Les premières résultaient de la rapidité du développement industriel de l'Allemagne [1], de l'excès de production, du rétrécissement du marché ou, plus exactement, de l'inégalité entre le développement de la puissance d'absorption des clients de l'Allemagne et celui de sa production. Les établissements industriels allemands donnaient de gros bénéfices, et attiraient des capitaux de plus en plus abondants. On empruntait pour acheter des actions, pour souscrire à des fondations nouvelles. Malgré les précautions que prenaient les grands chefs d'industrie, les fabriques allemandes arrivaient à se faire concurrence.

En même temps, les affaires devenaient plus aléatoires; la méthode allemande, dont un des

1. Voy. Lucien Hubert: *L'Effort brisé*. Paris, Alcan. — R. Péret: *la Puissance et le Déclin économique de l'Allemagne*, id.

principes était d'accorder à l'acheteur d'assez longs délais de payement, comportait des risques. Les événements du Mexique, ceux du Maroc, les guerres Balkaniques avaient apporté un grand trouble dans les affaires, une inquiétude peu propre à les rendre faciles et sûres. Il paraît vraisemblable que, dès 1912, la situation économique de l'Allemagne pouvait préoccuper les chefs de l'Empire.

La guerre, si elle était victorieuse, était une heureuse solution de ces difficultés économiques. C'est une solution que la Prusse a organisée; la guerre, on l'a dit, est sa principale industrie.

Cette solution devait paraître naturelle aux hommes d'État prussiens, car elle avait l'avantage de résoudre en même temps les difficultés intérieures d'ordre politique. Ces difficultés provenaient de deux faits sociaux, fort différents en apparence; l'un était le mouvement pangermaniste, l'autre la Sozial-Democratie.

Le Pangermanisme est aujourd'hui bien connu; les publications faites à son sujet sont nombreuses, particulièrement depuis la guerre. Son origine est respectable ; elle remonte à Arndt et aux écrivains patriotes de 1813. Les Allemands, ceux qui pensaient en Allemands plutôt qu'en Saxons, en Bavarois ou en Wurtembergeois, ont souffert de l'abaissement où se trouvait leur pays après les victoires de Napoléon. L'humiliation de l'Allemagne et son impuissance, de 1806 à 1813, ont éveillé le patriotisme, la tendance à l'unité nationale. L'exemple de la France, la jalousie peut-être, n'ont pas été étrangers à cet éveil du sentiment national, fait moins de l'amour d'une patrie encore amorphe, que de la haine des Français.

L'unité allemande, que souhaitaient les patriotes de 1813, ne pouvait se réaliser que par le groupement des Allemands autour d'un centre politique, d'un État déjà formé. La Prusse fournit à ces forces d'unification le centre nécessaire. La valeur de ses hommes d'État et de ses généraux, Blücher, Scharnhorst et d'autres, l'esprit politique habile de ses gouvernants, permirent à la monarchie prussienne de prendre une place prépondérante dans la Confédération de l'Allemagne du Nord, dont l'Autriche était pratiquement exclue. Les guerres

de 1864, 1866 et 1870 consacrèrent cette exclusion, aboutirent à la réalisation du rêve de la
dynastie de Hohenzollern ; elle releva le trône
impérial d'Allemagne, et l'occupa.

Les succès militaires de la Prusse étendirent
considérablement les frontières de la monarchie,
lui donnèrent la suprématie dans la Confédération,
préparèrent l'Empire nouveau ; sa fondation consacra un état de fait préexistant.

L'opinion publique allemande, fière des victoires dues à la Prusse, salua joyeusement la
reconstitution de l'unité impériale. L'esprit
particulariste avait perdu beaucoup de sa force,
grâce au travail d'une élite intellectuelle. Il
est probable que le gouvernement prussien sut
exploiter et développer à son profit cette activité
centralisatrice. L'exemple de Henri de Treitschke[1] est instructif à ce point de vue. Saxon d'origine, rallié à la Prusse par patriotisme allemand,
Treitschke consacra toute son énergie et tout son
talent à favoriser la cristallisation de l'Allemagne

1. Voy. J. Mac Cabe. *Treitschke and the Great War*. London,
Finher Unwinn, 1914.

autour de la monarchie des Hohenzollern. Il contribua efficacement à répandre la théorie hégélienne de l'omnipotence de l'État, dont la raison d'être est la puissance, et l'activité naturelle, l'usage de la force. L'État a le droit de faire ce qu'il peut faire ; aucune loi morale ne saurait lui être imposée, aucune entrave ne doit arrêter son développement. Son avantage, son intérêt, l'augmentation de sa puissance doivent être les principes directeurs de son action, dont l'étendue n'est limitée que par celle de ses forces. C'est dans cette mesure que l'axiome « la force crée le droit » se trouve justifié par Treitschke. Cette conception fondamentale de l'État est à retenir ; elle est à l'origine de tous les abus que l'Allemagne a faits de sa force[1].

Le mouvement vers l'unité politique avait été

1. Treitschke, *Politik*, Leipzig, Hirzel, 1897. 2 vol. in-8°, I, p. 100. « Toute une série de devoirs se présente à l'individu dont on ne saurait penser qu'ils existent pour l'État. Comme injonction suprême il lui est enjoint de se conserver ; c'est cela qui est, pour lui, l'absolu moral. Voilà pourquoi on doit dire que de tous les péchés politiques celui de la faiblesse est le plus abject et le plus méprisable, c'est le péché contre le Saint-Esprit de la politique.

... La générosité et la reconnaissance sont assurément aussi, l'expression d'un sentiment juste, mais les moyens employés par ceux qui le dirigeaient devaient aboutir à son exagération. Le Germain ne passe pas pour être modeste, ni mesuré. Les protagonistes du mouvement nationaliste célébraient les qualités de la race germanique, l'exaltaient avec excès, déploraient que l'émiettement de l'Allemagne ne lui permît pas de faire sentir sa force irrésistible ; ils lui prédisaient la puissance si elle réalisait son union. L'événement, ou les circonstances, leur donnèrent raison et l'Allemagne unie triompha de la France, « l'ennemie héréditaire. »

La victoire de 1870 fut un sujet d'orgueil pour le nouvel empire ; son nationalisme s'exalta, développa un incroyable état d'esprit. L'Allemand était destiné à rénover le monde par sa force et sa civi-

comme nous l'avons vu, des vertus politiques, mais seulement quand elles ne contredisent pas l'objet capital de la politique qui est la conservation de sa propre puissance. »
Et comme exemple de péché mortel, le professeur allemand cite la générosité de Frédéric-Guillaume IV qui rétablit l'ordre en Saxe et en Bavière avec ses troupes, sans bénéfice. « La Prusse aurait dû tirer un profit durable de ses sacrifices ». I. p. 101.

lisation supérieures. Le nationalisme devint le pangermanisme.

On en a fait une sorte de délire collectif ; je ne crois pas que cette idée soit juste. L'orgueil, pour démesuré qu'il soit, n'est pas un phénomème pathologique, mais la simple exagération d'un sentiment naturel. Il peut révéler le manque de jugement, l'absence même de bon sens, non l'irresponsabilité. Les traits généraux du caractère germanique suffisent à l'expliquer. L'Allemand a des qualités, que nous ne saurions lui contester sans injustice, mais il a des défauts, dont l'orgueil est un des principaux, avec le manque du sens de la mesure et du tact ; ces défauts sont à la base du pangermanisme.

Ce phénomène social se présente sous deux formes, d'ailleurs combinées : l'orgueil national, et l'orgueil de race.

L'orgueil national conduisait à l'exagération de la puissance de l'Allemagne en tant qu'État. Les pangermanistes ont raisonné suivant la méthode germanique. La force étant l'attribut fondamental de l'État, les petites nations, faibles par défi-

nition, ne pouvaient légitimement constituer des
États : on en concluait que l'existence des petits
États n'avait pas de raison suffisante[1]. Ils gênaient
l'expansion allemande, limitaient la puissance allemande. Géographiquement, le Danemark, la
Hollande, la Belgique, le Nord de la France
étaient des dépendances de l'Allemagne. Celle-ci,
dont la population s'accroissait rapidement,
n'était pas assez grande pour ses nombreux habitants. On en déduisait le droit de la Germanie à
exproprier les territoires qu'elle convoitait, spécialement des territoires français moins peuplés.

Nous aurions tort de penser que cette idée
pouvait choquer nos adversaires d'outre-Rhin ;
elle était la conséquence logique des théories
enseignées dans leurs Universités, la conclusion
d'un raisonnement irréfutable pour eux : l'Allemagne est surpeuplée ; donc elle a besoin de
nouveaux territoires appropriés à ses habitants ;
la France est moins densément habitée, sa population n'augmente pas ; donc elle n'a pas le droit
de gêner l'expansion allemande. Si l'Empire a la

1. Voy. Treitschke, op. cit. I. 43 et s. s.

force suffisante pour réaliser cette expropriation, il a le devoir de s'y employer. On connaît les conclusions du mémoire présenté au gouvernement impérial par les plus importantes associations germaniques; elles tendent à l'annexion des territoires occupés par les armées allemandes, et à l'expulsion des Français qui les habitent. Les prétentions annexionnistes de l'Empire allemand se sont brutalement manifestées au Reichstag pendant le cours de la guerre (janvier, mai 1916).

Les pangermanistes désirent que le territoire de l'Empire soit habité par des Allemands; ils jugent inutile de prolonger les expériences de la Pologne, de l'Alsace-Lorraine et du Schleswig. La plus grande Allemagne doit être peuplée de gens de race allemande.

L'orgueil de la race est la seconde forme du pangermanisme. Son fondement est illusoire, et les hypothèses sur lesquelles cette vanité ethnique s'appuye, ne résistent pas à l'examen, surtout en ce qui concerne les Prussiens; mais les pangermanistes se contentent de peu, quand ce peu leur convient. L'Allemagne appartient à une race caractérisée par la couleur des yeux et des cheveux, par la forme du crâne ; cette race est celle des purs Aryens. Les Celtes, les Slaves, les Latins sont des sang-mêlés incapables de développer une civilisation vraiment supérieure. Leur destin est accompli, spécialement celui des Celtes et des Latins. L'avenir est à la race allemande, l'Élue de Dieu, à l'Empire allemand, le Choisi de Dieu. Les écrivains pangermanistes ont poussé l'exagération de leurs idées au-delà des limites du bon sens. Tous les hommes de génie sont plus ou moins allemands, de Jésus-Christ à M. Aristide Briand inclus [1].

Le pangermanisme, en dernière analyse, est une apothéose du sang allemand, une revendication pour l'État allemand de l'hégémonie universelle. Ses adeptes se sont recrutés parmi les classes les plus influentes du monde germanique, noblesse, haute bourgeoisie, professorat ; elle a franchi les frontières de l'Empire et nous avons de véritables pangermanistes partout où la langue

1. Voy. Maurice Muret, *l'Orgueil Allemand*, Paris, Payot, 1915, in-18.

allemande est l'idiome dominant. Des événements récents nous l'ont tristement démontré.

C'est grâce au développement du pangermanisme que les idées d'hégémonie allemande ont pu être l'objet d'un essai de réalisation. Il a failli réussir. Les ligues navales, les Wehrvereine, toutes les associations chauvines dont l'Empereur lui-même est devenu l'instrument, sont des créations pangermanistes.

Les causes déterminantes de l'extension de ce nationalisme exagéré, violent et brutal, sont nombreuses. Voici je crois les principales :

1° Les industriels ont pensé, avec les Anglais, que « le commerce suit la victoire ». Une nation puissante, redoutable, victorieuse, trouve des clients;

2° Les agriculteurs, appartenant pour la plupart, surtout en Prusse, aux partis des nobles et des conservateurs, ont cru que l'extension du territoire allemand favoriserait leur politique économique, en étendant leur domaine douanier;

3° Les universitaires ont subi l'influence de leurs maîtres, et propagé les doctrines les plus

propres à flatter l'orgueil et l'avidité des Allemands ;

4° La Sozial Demokratie a éprouvé elle-même la
force du sentiment national. Nous avons pu voir
qu'elle n'a fait aucune opposition sérieuse aux
prétentions annexionnistes des pangermanistes ;

5° Les désirs d'expansion politique, militaire
et économique, exigeant l'annexion des ports de
la mer du Nord (Hollande, Belgique, Flandre
française) et des régions minières de la France du
nord-est.

La Sozial Demokratie

C'est une erreur de croire que le socialisme
allemand est uniquement composé de socialistes.
Un grand nombre d'électeurs votent pour les can-
didats Social-Démocrates par mécontentement.

Le noyau socialiste pur n'a fait qu'une opposition platonique au militarisme prussien. Au commencement de 1916, les trois quarts des députés
socialistes soutiennent encore le gouvernement,
malgré les inquiétudes que la situation de l'Empire peut inspirer pour l'avenir.

Alors que les chefs du socialisme français pré-
conisaient, il y a quelques années, la grève
générale au cas où la France prendrait l'initiative
de la guerre, les socialistes allemands, notamment
Bebel, leur chef, ont condamné cette doctrine.

Il est possible que la sévérité de l'administration prussienne ait empêché les socialistes avancés
d'exprimer leur véritable opinion ; le nombre de
ces avancés ne doit pourtant pas être considérable,
puisque le parti socialiste n'a protesté ni contre
la guerre, ni contre la violation de la neutralité de
la Belgique et du Luxembourg. Si les Allemands,
ce qui est encore possible, ont cru que la guerre
avait été imposée à l'Allemagne, rien ne pouvait
justifier à leurs yeux les théories soutenues au
Reichstag, en août 1914, par M. de Bethmann-
Hollweg.

En réalité, le parti socialiste, dans l'Empire, fait
une opposition théorique. Ses chefs sont souvent
des gens instruits, imbus des préjugés enseignés
dans les Universités allemandes. Ils n'ont pas
pour le nationalisme l'horreur que manifestaient
leurs compagnons français. L'esprit germanique

ne s'effraye pas des contradictions, dont il fait la synthèse métaphysique ; dans la vie pratique il est réaliste.

Une seconde raison qui explique l'attitude de ce puissant parti, est son intérêt matériel, collectif et individuel. Collectif, en ce sens que la fortune du parti est très considérable ; une attitude intransigeante et agressive eût pu compromettre cette richesse. Individuel, en ce sens que la législation allemande s'est montrée très libérale pour les travailleurs manuels, les assurant contre les accidents, contre la vieillesse, leur donnant des retraites. Elle ne tolérait pas, d'autre part, les excès du syndicalisme dont l'Occident a souffert. La production de l'ouvrier n'était pas abaissée artificiellement, ni comme qualité ni comme quantité. L'intelligence pratique, dont l'administration a fait preuve, a favorisé l'industrie par une protection efficace ; les méthodes de fabrication, la sécurité des entreprises, le bien-être relatif des ouvriers sont les conditions les plus sûres du succès industriel et commercial.

Il faut enfin tenir compte de deux éléments

importants, qui sont la matière et la forme de la
« mentalité » allemande. Le tempérament de
nos ennemis les porte à la discipline, à l'ordre,
à la hiérarchisation. Cette matière reçoit sa forme
à l'école et à la caserne. L'école est *organisée* :
les maîtres ne sont pas libres d'enseigner des
doctrines contraires à la discipline sociale ; leur
mission est de former des Allemands patriotes.
La caserne garde les jeunes gens pendant deux
ans et l'on sait avec quelle rigueur la discipline y
est inculquée aux conscrits. Il est assez naturel
de constater l'action de ces facteurs sur le caractère des Allemands, même socialistes.

Cependant la Démocratie sociale pouvait être
un danger dans l'avenir. On ne professe pas des
doctrines sans chercher à les appliquer. Le jour
viendrait où la forte organisation aristocratique
de la Prusse serait attaquée par le socialisme ; les
oligarchies sont exposées aux revendications popu-
laires : c'est une loi que l'on vérifie constamment
dans l'histoire. Déjà, les socialistes prussiens pro-
testaient contre le régime électoral du royaume,
qui donne la puissance à une minorité : les

nobles et les grands propriétaires. Le moment approchait où la lutte s'engagerait ; le suffrage universel existe pour les élections au Reichstag, chambre des représentants de l'Empire, dont les pouvoirs sont d'ailleurs limités. Les socialistes, en le réclamant pour la Prusse, pouvaient s'appuyer sur la loi électorale de l'Empire.

Ce danger ne passait pas inaperçu : l'aristocra-cratie militaire prussienne le redoutait. Elle avait besoin de la guerre pour conserver ses privilèges.

Le gouvernement se trouvait donc entraîné dans le même sens par deux mouvements en apparence contraires ; l'un, nationaliste intransi-geant, avait des exigences agréables au parti militaire ; l'autre en avait de désagréables : satis-faire les premières permettrait d'écarter pendant un certain temps les secondes.

La guerre, on le voit, était la solution par excel-lence de toutes les difficultés. Elle avait, inutile de l'ajouter, la faveur du parti militaire tout puis-sant en Allemagne ; l'Empereur, les souverains confédérés et le grand État-major n'avaient pas d'autre souci que de la préparer.

II

L'Esprit prussien.

SES QUALITÉS. — L'ÉVOLUTION DE LA PRUSSE. —
LES MÉTHODES PRUSSIENNES : LE NATIONALISME ;
LE MATÉRIEL HUMAIN ; LE MATÉRIEL MILITAIRE.

L'histoire de la Prusse apprend que la guerre
a été l'occupation principale de cette monarchie.
Dès la fin du moyen âge les margraves de Bran-
debourg, alliés puis maîtres de l'Ordre des che-
valiers teutoniques, ont agrandi leurs États aux
dépens de leurs voisins, principalement des
principautés slaves au Nord et à l'Est. C'est à
l'origine même de leur puissance que se manifeste le souci d'avoir les armes les plus perfec-
tionnées, l'artillerie la plus redoutable. La guerre,
et la préparation à la guerre, ont été l'affaire de
tous les rois de Prusse, à part une ou deux excep-

tions. Ils en ont acquis l'expérience et transmis la tradition. Le poing armé du gantelet de fer était plus qu'une image dans la bouche du dernier empereur germanique.

Il faut rendre justice à la Prusse ; elle a su préparer l'Allemagne à servir l'ambition des nobles prussiens et de leur roi. Aucun détail n'a été négligé pour armer l'Empire, pour lui forger les moyens de vaincre, lui donner la tournure d'esprit nécessaire à la victoire. La complexité du problème n'a pas découragé l'administration des princes de Hohenzollern, qui a su trouver de bonnes solutions, et montrer une prévoyance, une ténacité, un sens des réalités sur lesquels nous aurions pu méditer utilement. Il est bon de rappeler à notre mémoire ce long travail de préparation, afin que notre avenir profite des douloureuses expériences de notre passé.

La Prusse n'a pas créé de toutes pièces les circonstances qui l'ont favorisée ; mais elle en a très habilement profité. Les étapes de son progrès peuvent se résumer ainsi :

1° Constitution d'une puissance allemande supérieure, par sa force, aux autres états germaniques ;

2° Substitution, dans les pays allemands du Nord, de l'influence prussienne à l'influence autrichienne ;

3° Expulsion gracieuse de la dynastie de Habsbourg de toute souveraineté germanique au moyen de compensations en Orient, de manière à faire de la nouvelle Autriche une dépendance de l'Allemagne unie.

C'est la troisième phase de l'évolution de la Prusse qui est en train de se réaliser, et qui se réalisera si nous n'y prenons pas garde. L'Autriche a cessé depuis quarante ans d'être l'adversaire de la Prusse pour tomber au rang de *brillant second.*

L'appétit de la Prusse, devenue maîtresse de l'Allemagne, a augmenté avec sa taille ; le parti militaire, encore plus ambitieux que le souverain, suprême Seigneur de la guerre, a résolument adopté les doctrines pangermanistes, rêvé de reconstituer au profit des rois de Prusse le saint Empire Romain-Germanique, et de « rendre » à l'Allemagne les Flandres, les Pays-Bas, la Lorraine, une partie de la Bourgogne, la Franche-Comté, etc.

On devine aisément, en observant l'histoire de la Prusse depuis 1813, le but qu'elle se propose et les moyens qu'elle employe. Pour tendre l'esprit public allemand vers l'agrandissement de la patrie germanique, le Vaterland, elle a utilisé les professeurs et les instituteurs. Elle a développé en Allemagne un nationalisme nouveau, de type prussien plutôt qu'allemand; matérialiste, réaliste, sans moralité, sans mesure. Le chant patriotique est caractéristique : *Deutschland über alles*. L'amour de la patrie est un très beau sentiment; il y aurait mauvaise grâce à faire grief aux gouvernements qui ont travaillé à le développer. Ils ne sont critiquables que dans la mesure où ils ont fait du patriotisme allemand un nationalisme exagéré, s'opposant aux états rivaux, soufflant la haine, tendant à la domination.

Ce sentiment, avec son exagération qui était utile aux desseins de la Prusse, a été le ciment de l'Allemagne; la base morale sur laquelle reposait sa force matérielle; une sorte de plate-forme bétonnée, propice aux futures offensives. Là-dessus, l'Empire a construit à la mode prussienne. Il a cherché les moyens d'avoir le nombre des soldats, leur qualité ; les canons, les projectiles, les munitions ; les instruments de transport, les usines, les ressources financières.

Le nombre d'abord. L'Allemagne est une nation prolifique ; avant la guerre de 1870, elle fournissait à l'émigration un appoint considérable. Il y a aujourd'hui plusieurs millions d'Allemands aux États-Unis ; on connaît les difficultés que leur influence économique et politique a occasionnées. Il existe des colonies allemandes dans beaucoup de pays, le Brésil, la République Argentine, le Chili, la Chine. Moins nombreuses que la colonie américaine, elles ne sont ni moins actives ni plus scrupuleuses.

Pour utiles que fussent ces noyaux germaniques, ils ne pouvaient fournir le matériel humain nécessaire aux armées impériales. L'émigration privait la mère-patrie d'une foule de soldats. Afin de les conserver, il était indispensable d'assurer à tous les Allemands la possibilité de vivre dans leur pays : c'est-à-dire des salaires. L'industrie pouvait seule permettre d'obtenir ce résultat ; le gouvernement

consacra toute son influence à la développer et il y
réussit. La population de l'Allemagne a doublé en
cinquante ans. En 1914, elle pouvait disposer d'un
nombre d'hommes supérieur au nôtre dans la proportion de 7 à 4 : près du double. Notre population
avait à peine augmenté de 1870 à 1914 ; celle de
l'Allemagne s'était accrue de 30.000.000 d'enfants.
Il ne faut pas oublier cette leçon, si nous voulons
vivre comme une nation indépendante et forte.

La qualité des soldats a été l'objet de soins aussi
grands. La Prusse a spécialisé sa noblesse dans le
service militaire, recrutant ses officiers dans cette
caste privilégiée, leur assurant une situation sociale
exceptionnelle, protégeant jusqu'à leurs abus. Elle
a peut-être commis une erreur en conservant à
notre époque un système pareil ; mais cette erreur
était plus sociale que militaire ; à ce dernier point
de vue, il a fallu la durée de la guerre actuelle et les
pertes d'officiers de carrière pour révéler l'erreur
possible. Malgré leurs défauts, les officiers allemands de profession ont une grande valeur militaire ; leur adaptation à la guerre est parfaite. Je
parle de la guerre telle que la Prusse la comprend.

L'armement, l'équipement, ont été l'objet d'études attentives. La comparaison entre notre armée de 1914 et celle de l'Allemagne est humiliante. La supériorité de notre artillerie de campagne n'a pas compensé notre infériorité en artillerie lourde. Notre uniforme était incompatible avec les conditions de la guerre moderne; nos munitions étaient insuffisantes; nous n'étions pas en mesure d'équiper nos réserves. Notre imprévoyance a failli nous coûter cher. C'est encore une leçon à ne pas oublier.

L'industrie enfin, à la protection, au développement, au perfectionnement de laquelle le gouvernement impérial s'est attaché avec ténacité, a donné des résultats d'une importance considérable. L'Allemagne est devenue un des grands fournisseurs du monde pour la métallurgie, l'optique, les produits chimiques, les instruments de précision. Certains produits ne se trouvaient qu'en Allemagne, les colorants chimiques par exemple. L'Allemagne s'enrichissait; sa fortune, en 1914, était peut-être plus considérable que celle de la France. Nos ennemis avaient mis tout leur soin, non seulement à conserver chez eux les capitaux qui s'accumulaient, mais encore à attirer ceux des autres pays. Quand la finance allemande exportait des capitaux, elle s'entendait à obtenir en échange des bénéfices matériels et politiques. On l'a vu en Amérique, en Italie, en Russie et en Chine. Sur ce point encore nous devons faire d'utiles réflexions.

La prospérité financière de l'Empire était le moyen d'avoir les ressources nécessaires à la guerre. On a vu les résultats auxquels l'Allemagne est parvenue; elle se soutient, elle soutient ses alliés épuisés, et l'eût peut-être fait sans péril, si le blocus de ses côtes n'avait arrêté complètement sa navigation maritime trans-océanique et réduit dans de fortes proportions ses exportations.

Enfin, le développement de son industrie lui a permis de faire face aux exigences d'une guerre prolongée. Ses usines fabriquent des canons, des fusils, des munitions; les Empires du centre se passent à peu près complètement du concours de l'Amérique et ne souffrent que de la disette de certaines matières premières. Il nous a fallu de longs mois de guerre et des sacrifices pécuniaires immenses pour rétablir en partie l'équilibre. Encore sommes-nous en retard sur beaucoup de points, notamment pour la fabrication de produits chimiques indispensables, que l'Allemagne, à peu près seule, était en mesure de produire industriel-lement.

La guerre, en définitive, a été la trame sur laquelle l'Empire a tissé son organisation entière : Elle est, pour employer une expression teutonne, le « Leit-motiv » qui domine l'harmonie remar-quable de ses efforts matériels.

III

Lacunes de l'Intelligence prussienne.

Erreurs du parti militaire. — Erreurs du
Gouvernement allemand et leurs causes. —
Inintelligence des forces spirituelles et compréhension des matérielles. — La Force allemande et les Neutres. — Le Patriotisme
allemand. Ses perversions.

Ce sont des choses que nous devons admirer,
bien qu'elles soient l'œuvre de nos ennemis; il
est bon de s'instruire à leur école. Leurs mérites,
d'ailleurs, ne vont pas sans de graves imperfec-
tions, qui révèlent d'extraordinaires lacunes dans
l'intelligence de leurs gouvernements.

On comprend mal les raisons pour lesquelles
l'Empire allemand a voulu que la guerre éclatât.
J'ai indiqué les principales, mais elles ne suffisent

pas à rendre intelligibles les motifs qui ont déterminé cette puissance à prendre, dans les circonstances actuelles, une aussi grave résolution. Il est
difficile d'admettre que la seule explication possible soit un manque d'intelligence ou de clair-
voyance, et j'ai éprouvé les plus grandes hésita-
tions à conclure qu'il doit en être ainsi. Un
examen attentif des éléments du problème — je
parle de ceux que le public peut connaître — m'a
paru confirmer cette conclusion.

L'Allemagne, en adoptant une politique moins
agressive, en ne forçant pas l'Europe à augmenter sans cesse les budgets militaires, en n'établis-
sant pas dans le monde les conditions d'une
insécurité croissante, aurait pu, je crois, éviter la
crise économique dont elle était menacée. Elle
eût obtenu des résultats considérables, financiers
et politiques. L'essaimage des Allemands aurait
continué, le chemin de fer de Bagdad eût été construit, l'invasion pacifique de la Hollande et de la
Belgique aurait germanisé peut-être ces États. La
France, l'Angleterre, l'Italie auraient été exploitées
par un nombre toujours plus grand d'Allemands,

utilisables pour la guerre éventuelle, et prêts à rejoindre leurs régiments au premier signal. Le temps travaillait pour l'Empire germanique. Comment ne l'a-t-il pas compris?

Il n'y a qu'une seule explication à donner à une pareille erreur. L'inintelligence des circonstances, l'imprévision.

Le parti militaire n'était pas favorable à des victoires pacifiques, à des profits commerciaux et industriels. Ce n'était pas un butin que les soldats et leurs chefs, ceux-ci surtout, avaient chance de se distribuer. Confinée dans le métier des armes, tirant ses revenus de biens fonciers, la noblesse germanique souffrait de la constitution d'une aristocratie financière, dont la fortune augmentait continuellement. Celle-ci devait son origine à la prospérité de ses usines et de son commerce; elle avait fait son œuvre en créant les instruments techniques de la guerre moderne, elle allait devenir une rivale dangereuse pour l'aristocratie militaire et administrative. Elle pouvait menacer l'existence même de l'esprit conservateur de la Prusse, car elle n'avait pas de traditions et

tendait au cosmopolitisme. La guerre réta-
blirait l'équilibre au profit des gens à seize
quartiers. Cet état d'esprit, dont l'existence
a été observée chez certains chefs du parti
traditionaliste, correspondait à la crainte que
les revendications libérales inspiraient aux hommes
politiques de la Prusse. Ceux-ci s'inquiétaient
de la crise économique, de la crise politique intérieure, et acceptaient la guerre et l'indemnité convoitée, comme une solution désirable ; le
parti des hobereaux, qui se confond avec le parti
et la caste militaires, espérait mieux encore de
cette solution conforme à ses traditions. Il en
escomptait les résultats à son profit.

Ce parti est celui qui détient le pouvoir véritable en Prusse, et par conséquent en Allemagne.
Il entoure l'Empereur, et se soutient en l'appuyant.
La plus lourde responsabilité pèse sur lui.
L'erreur initiale qu'il paraît avoir commise est
celle que je viens de signaler : l'inintelligence des
conditions sociales modernes dans un grand État
industriel et commercial, tel que l'Allemagne
l'était devenue.

La victoire eût apporté la solution cherchée aux difficultés de l'État et du parti dominant. Mais quelle eût été la valeur de cette solution ? La victoire était-elle certaine ? Ne devait-on pas songer à la possibilité d'une défaite et à ses consé- quences ?

Le gouvernement impérial ne paraît pas avoir cru que la défaite fût possible ; il a pensé que le moment d'agir était venu, et il semble que les motifs de son choix aient été un mélange d'erreurs et de vérités. On a signalé ces motifs, sur lesquels je n'insisterai pas et que je résu- merai :

1° La Russie n'était pas préparée à la guerre. Le réseau de ses chemins de fer était insuffisant. Elle venait d'emprunter en France les sommes nécessaires pour le compléter. Il ne fallait pas attendre que la réorganisation de son armée fût plus avancée, ni la construction de ses chemins de fer terminée. On pouvait espérer que des trou- bles — spontanés ou provoqués — éclateraient en Russie aussitôt la guerre déclarée. Il existait enfin, dans les cercles les plus élevés de la société, de l'armée et de l'administration moscovites un parti allemand puissant.

2° La France était considérée comme une nation en décadence ; nos écrivains les plus écoutés, au lieu d'imiter l'Allemagne et de soutenir l'esprit national, étaient les premiers à nous calomnier, nous et tous les Latins. Beaucoup de nos universitaires copiaient servilement les méthodes allemandes, étendaient notre génie national sur un lit de Procuste aux dimensions germaniques, incapables de distinguer entre la valeur du détail et la médiocrité de l'ensemble. On bâtissait des cathédrales sur des mouchoirs de poche.

Il n'est pas surprenant que les hommes d'État allemands — plus ingénieux que perspicaces, plus métaphysiciens que psychologues, — nous aient cru sur parole. Nos soldats internationalistes et antipatriotes, ne combattraient pas. La mobilisation serait le signal de la grève générale et de la révolution.

Les Allemands sont excusables. Le mal était réel, mais ils ne se doutaient pas qu'ils en seraient le remède. Leurs habitudes les contraignaient à penser qu'un pays où l'on tolérait les exagérations antimilitaristes de certains instituteurs, ne trouverait pas dans ces instituteurs mêmes des soldats et des officiers excellents.

Le grand État-major allemand savait d'autre part que notre organisation militaire était très imparfaite. Nous discutions depuis des années les questions de l'uniforme de nos troupes, et celle de l'artillerie lourde. Nous parlions, nous ne faisions rien de plus. La guerre est survenue, nous n'avions pas encore d'uniformes, ni de canons lourds. Il a fallu nous servir de nos modèles anciens, datant de trente ans. Que dirai-je de l'armement des réserves ? Que dirai-je des munitions ? Si notre imprévoyance ne nous avait coûté que de l'or. Je me tairais. Mais le sang de nos concitoyens ? Qui oubliera jamais ces jours de l'été finissant où nous attendions l'entrée de l'ennemi à Paris et la destruction méthodique du cœur de notre patrie ?

3° L'Angleterre était encore moins prête que nous. Il semble que les renseignements auxquels

les chefs de l'Empire ont ajouté foi étaient aussi
futiles que ceux qu'ils acceptaient sur notre situation morale. Les colonies anglaises demeureraient
indifférentes, l'Afrique du Sud, l'Inde, l'Égypte
se révolteraient. L'Irlande commencerait la guerre
civile. L'Angleterre, en présence de ces éventua-
lités, ne pourrait pas intervenir. L'Allemagne a
failli avoir raison ; la Grande-Bretagne a été
longue à sortir de son sommeil, longue à s'apercevoir qu'elle avait le couteau de l'assassin sur la
gorge.

4° La défection de l'Italie n'était pas imprévue
bien que son intervention aux côtés des puissances de l'Entente ait été une surprise. Sa neutralité paraissait certaine ; certaine, d'autre part, la
coopération de l'Empire ottoman, allié précieux
qui devait bloquer à peu près complètement la
Russie. Les prévisions de l'Allemagne ont été
justes sur ce point.

On a souvent signalé les erreurs commises par
cette puissance, qui a mal placé l'argent dépensé
par elle pour solder ses espions. L'intervention de
l'Angleterre a été un coup terrible pour l'État

major germanique : le dramatique récit, fait par
Sir Edw. Goschen, de son entrevue avec le chancelier de l'Empire, montre jusqu'à quel point le
cabinet de Berlin a été surpris, inquiet et furieux.
L'imprévoyance, ou la maladresse, dont il a fait
preuve en provoquant l'hostilité de l'Angleterre,
sera probablement la cause de la défaite finale de
l'Allemagne, dont la cause initiale sera sans doute
trouvée dans les batailles de la Marne et des
Flandres. Les écrivains militaires l'ont expliqué.
La perte de ces batailles est peut-être le résultat
de l'infériorité militaire des Allemands, mais l'intervention de l'Angleterre est certainement dûe à
l'inintelligence des chefs du gouvernement impérial. La politique navale, la violation de la neutralité belge, rendaient cette intervention inévitable ; cependant, elle a longtemps paru *douteuse*
tant *certains* membres du cabinet anglais avaient
peu de lumières sur les points essentiels de la
politique extérieure. L'histoire actuelle de l'Angleterre et de la France méritent d'être méditées. Elle
enseigne ce qu'il ne faut pas faire.

On comprend ces choses à la clarté des événe-

ments qui ont suivi : l'Allemagne, croyant n'avoir
à lutter que contre la Russie et la France, devait
espérer le succès ; l'écrasement rapide de celle-ci,
la défaite facile de celle-là. L'Empire sortirait de
la lutte agrandi, enrichi, maître des bouches de
l'Escaut et du Rhin.

L'inintelligence s'est manifestée dans l'absurde
provocation à l'Angleterre.

Je me trompe peut-être encore, mais la patiente
analyse des faits semble montrer, parfois jusqu'à
l'évidence, cette incompréhension des grandes
choses, si curieusement associée à la compréhension des moindres. On a voulu l'expliquer par le
manque de « psychologie » des Allemands. Je n'ai
jamais clairement entendu ce qu'on veut dire par
là. Je ne crois pas que les Allemands soient de
mauvais psychologues. Au contraire. Ont-ils eu
tort de croire que les Neutres accepteraient sans
protester l'invasion de la Belgique et du Luxembourg? Ont-ils eu tort de croire que leur système
de terreur ne soulèverait aucune réprobation pratique? Que ceux, dont la générosité confond les
manifestations individuelles avec celles des collec-

tivités, se donnent la peine de lire les notes adressées par le ministre des Affaires étrangères de Washington à l'Allemagne, qui noyait des sujëts américains, et à l'Angleterre qui arrêtait mollement des cargaisons suspectes. Le contraste suggère d'utiles réflexions. Comparons l'attitude de l'état major helvétique vis-à-vis de nos adversaires à celle qu'il adopte à notre égard, même à l'égard de notre ambassadeur. La comparaison sera encore instructive.

Il n'y a pas jusqu'aux peuples Balkaniques dont nous n'ayons à apprendre quelque chose.

Et la leçon que nous apprenons partout est la même. On craint les forts, on a peur des terribles. A quoi nous a servi de nous proclamer les champions de la liberté des faibles? On a peut-être entendu nos voix, qui parlent doucement, mais on a écouté d'autres voix, qui menacent rudement.

Nous commençons à comprendre cette leçon, qui est une leçon de psychologie sociale. C'est l'Allemagne qui nous la donne.

Les gouvernements neutres, les états-majors neutres, les commerçants et les industriels neutres, ont suivi les inspirations de leur pacifisme, qui est une forme de la crainte, quoi qu'il puisse avoir de la noblesse quand cette crainte n'est pas égoïste ; ils ont écouté les suggestions de l'intérêt, de la communauté de race ; ils ont obéi peut-être à des mobiles moins respectables, à des préoccupations simplement électorales. Nous avons été patients, nous le sommes. Souhaitons de ne pas l'être indéfiniment.

Marquons notre sentiment, dans la mesure où notre intérêt le commande. La presse, aux heures graves qui sonnent, a le devoir de ne pas exciter nos colères, de ne pas augmenter nos soucis. Mais un écrivain qui s'adresse à un public restreint n'a pas les mêmes obligations, ou plutôt il a d'autres devoirs. Il ne faut pas que des gouvernements ou des états-majors neutres nous traitent avec malveillance et réservent leurs bonnes grâces à nos adversaires. Nous ne menaçons aucun neutre, nous n'avons jamais condamné les petites nations à la mort. Les faveurs, la déférence, quelquefois une criminelle obséquiosité, sont pour les autres. N'est-ce pas une faute que d'accepter de pareilles humi-

liations? Qui nous respectera si nous sommes
faibles et craintifs? Qui doutera de notre faiblesse
si nous ne montrons pas la confiance en notre
force, et la volonté d'en faire usage si cela est
utile.

La Grèce n'est-elle pas pour nous convaincre?
On a violemment attaqué le roi des Hellènes, dont
les alliances éveillent nos soupçons. Mais le
monarque a-t-il été si mal inspiré en voulant éviter
par tous les moyens à son peuple le sort de la Serbie et du Monténégro. Il me paraît un sage, et je
ne me sens pas le droit de le blâmer quand je
pense aux rois Pierre Ier et Nicolas, et même au
tsar des Bulgares, *gloriosus miles* assurément, et
qui n'a pas songé à Plaute, à sa comédie, à son
dénouement prophétique.

Le roi des Hellènes n'avait pas confiance en
notre force; il fallait lui en montrer la réalité.

Nous avons été injustes pour lui, qui méritait
pourtant d'être mieux traité que tel grand état-
major dont l'insolence n'aurait pas dû être un ins-
tant tolérée. Qu'aurions-nous dit, si le chef de
l'armée grecque eût été apparenté à la famille de

Bismarck, dont un membre, attaché militaire à l'ambassade, eût été familièrement reçu à l'état-major, à l'exclusion de nos représentants? Et l'on sait pourquoi maintenant.

La Suisse, nation pourtant généreuse, fière, éprise de liberté, a toléré des abus qui auraient motivé une rupture des relations diplomatiques de notre part, et peut-être pis. Nous saurons faire les distinctions nécessaires quand l'heure sera venue, mais ne laissons pas les Suisses croire que nous oublierons les trahisons et les injures, pas plus que nous n'oublierons les sympathies consolantes.

Non. L'Allemagne n'a pas fait de mauvaise psychologie. Son erreur a été plus grave, les conséquences peuvent en être plus redoutables. Ses chefs ont ignoré les forces spirituelles, qui sont les plus puissantes de l'Univers, parce qu'ils ne les comprennent pas. C'est en cela que se révèle leur inintelligence.

Leur esprit ne s'est pas élevé au-dessus de la matière; leur préparation matérielle a été complète; leur force matérielle, immense. Leur intelligence se meut à l'aise dans cette sphère dont elle

ne dépasse pas les limites. La préparation
morale, telle qu'ils l'ont conçue, a eu pour effet
justement de contenir dans ces limites étroites les
forces spirituelles dont l'antique Allemagne était
si bien pourvue. L'amour de la patrie, ramené à
des formes dépassées par la civilisation moderne, a
été privé de l'énergie qui, sans le diminuer, le
portait à un degré d'évolution supérieur, et faisait
pressentir la fraternité et la solidarité humaines,
formes futures, dans la fraternité et la solidarité
nationales, formes actuelles. L'amour de la patrie,
modelé sur l'idéal inférieur de la Prusse, a perdu
sa puissance d'expansion, de développement, de
progrès, c'est-à-dire l'excès de force qui le pous-
sait en avant, au delà des frontières, vers les
autres hommes. Le système néo-germanique a
neutralisé cet excès de force par des forces
contraires, c'est-à-dire la haine, le mépris, le désir
de nuire. Aimer son pays, pour l'Allemand
moderne, c'est souhaiter sa force matérielle, souhaiter sa victoire, souhaiter l'écrasement des
ennemis et leur dépouillement au profit du vainqueur. Aimer son pays, c'est, en définitive, haïr les

pays voisins, les considérer comme une proie et fonder le bonheur de l'Allemagne sur le malheur des autres, sa vie sur leur mort. C'est la formule que les partis pangermaniste et militaire ont adoptée en parlant de la France, « l'ennemie héréditaire », et de tous les pays à qui l'Allemagne comptait arracher quelques dépouilles.

Telle est la conception morale du patriotisme allemand : la domination de la patrie allemande, l'asservissement des autres ; cela rappelle l'antique formule des Romains primitifs : *adversus hostem perpetua auctoritas esto*. Le Quirite avait une perpétuelle autorité sur l'ennemi, c'est-à-dire sur l'étranger. Au fond de la conception allemande actuelle, vit la même idée barbare.

L'étranger est un ennemi possible, et doit être traité comme tel. Asservi, s'il ne résiste pas, car l'alliance ou l'amitié allemandes exigent la soumission ; brisé, s'il résiste. On comprend, avec une telle perversion du sentiment patriotique, que le Germain soit insensible à toute idée d'honneur et et de réserve dans ses rapports avec les pays étrangers. Il est dressé à régler ses actes sur ce qu'on lui a dit être l'intérêt de sa patrie; dès lors, l'espionnage des contrées où il reçoit l'hospitalité est une vertu; la paix est une préparation de la guerre, et tout Allemand est d'abord un soldat, dont le devoir est de combattre toujours, et par tous les moyens.

Il n'est donc pas étonnant de trouver, jusque dans les malles des femmes de chambre allemandes, des imprimés destinés à être remplis et renvoyés à l'office central installé à Berlin. Nos ennemis connaissaient ainsi le nombre des chevaux de nos fermes et les moindres sentiers de nos campagnes. De l'ambassadeur au garçon de café, tout bon Allemand observait, renseignait, et croyait bien faire.

En réalité, cet espionnage perpétuel est malhonnête et déloyal; mais l'esprit allemand a subi une telle déformation quela malhonnêteté et la déloyauté de ces pratiques ne lui apparaissaient plus.

La conduite des agents diplomatiques allemands et autrichiens aux États-Unis, révèle le degré auquel cette inconscience peut arriver. Les ambassades et les consulats ont été transformés en officines où se complotaient et se payaient des crimes de droit commun, crimes graves, pouvant entraîner la peine de mort contre leurs auteurs, par exemple dans les cas de destruction par explosion de fabriques, d'usines, de monuments publics, de navires, avec pertes de vies humaines.

C'est encore la perversion du patriotisme allemand qui explique l'enthousiasme avec lequel des actes sans intérêt militaire, comme le torpillage des paquebots ou le bombardement des villes ouvertes, ont été accueillis par l'opinion publique chez nos ennemis. On a remarqué combien ils étaient prompts à s'indigner de ces actes, quand ils en étaient les victimes au lieu d'en être les auteurs. Je ne serais pas surpris que leur indignation fût sincère. La note de l'Allemagne à propos de l'affaire du Baralong n'est peut-être ni une manœuvre, qui serait trop naïve, ni une mauvaise plaisanterie, qui serait déplacée à la Wilhelmstrasse. C'est peut-être encore là un exemple de la perversion du sens critique de l'Allemagne dès que ses intérêts sont en jeu. Le

Kriegsbrauch im Landskriege en offre un exemple caractéristique. Les civils étrangers qui font résistance aux troupes allemandes, dans les pays envahis, sont punis de mort. Ils commettent un crime. Mais les Allemands civils, quand le Vaterland est envahi, doivent résister de toute manière aux troupes étrangères. Ils accomplissent un devoir [1]. L'Allemagne est au-dessus de tout.

Nous avons peine à comprendre un pareil état d'esprit, mais il existe. *Le Kriegsbrauch* est une instruction officielle de l'État-major allemand, rédigé avec tout le soin, toute la méthode dont nos ennemis sont capables. Comment une contradiction comme celle que je signalais ne les a-t-elle pas frappés? Ils ne l'ont pas aperçue, parce qu'ils étaient incapables de le faire, l'intérêt allemand est la seule règle qui les dirige : c'est une règle supérieure à la justice, à l'équité, au bon sens lui-même.

Je ne crois pas avoir commis une exagération

---

1. Loi de 1813, sur le Landsturm. Voy. Andler : *Les usages de la guerre et la doctrine de l'État-major allemand.* Paris, Alcan, 1915, p. 16.

en qualifiant de perversion le patriotisme actuel de l'Allemagne. Et je suis persuadé de son inintelligence.

Ce patriotisme, étranger à la justice et à la logique se mesure à l'intérêt matériel de sa patrie; il s'inscrit dans une sphère dont l'égoïsme national est le centre.

IV

Les Forces spirituelles et morales.

INFÉRIORITÉ MORALE DE LA CIVILISATION GERMA-
NIQUE. — LA CONCEPTION ALLEMANDE DE LA
GUERRE. — LA TERREUR. — SES AVANTAGES
APPARENTS. — SON INUTILITÉ RÉELLE ET SON
DANGER. — LA TERREUR ET LES NEUTRES. —
CIRCONSTANCES QUI ONT FAVORISÉ L'ALLEMAGNE.

L'égoïsme est justement la barrière que les
forces spirituelles ne peuvent franchir. Je ne saurais définir ces forces, mais elles procèdent de
l'Amour, c'est-à-dire de ce qui réunit. Les anciens
philosophes hermétiques enseignaient que l'Unité
primitive du monde s'était, à l'origine des choses,
divisée en deux parties, s'opposant l'une à l'autre ;
forces de coagulation et de dissolution, c'est-à-dire
d'attraction et de répulsion dans la matière, d'amour

et de haine dans l'esprit. Mais, de même que la coagulation ou l'attraction ne sauraient exister dans un seul atome, qui ne saurait lui-même s'attirer, de même l'amour de soi-même ne peut être véritablement de l'amour, qui n'existe pas, s'il ne réunit pas. L'amour a une merveilleuse vertu : il s'oppose à tout ce qui le limite ; c'est la force spirituelle d'expansion, d'union fondée sur la sympathie et sur la bonté. Je n'aperçois pas ces éléments supérieurs dans le patriotisme germanique, replié sur lui-même et concentré, devenu incapable de discerner le bien et le mal, le juste et l'injuste ; abîmé dans un orgueil tel, que le discernement « objectif » lui manque, qu'il s'imagine être la mesure de toute chose.

Je crois trouver dans ce repliement collectif sur soi-même, dans cet orgueil égoïste et dans ce matérialisme, l'explication de ce manque d'intelligence que l'on observe dans la direction de l'Allemagne. Ces caractères font comprendre les contradictions, la naïve impudence, la cautèle rusée, l'insensibilité au ridicule ; les Anglais, dans leurs commentaires sur les événements actuels, ont signalé le manque du sens de l' « humour » dont souffrent les Allemands. Mais ceux-ci ne s'aperçoivent pas de leur lourdeur.

En résumé, l'inintelligence des Impériaux se marque d'abord dans leur Éthique. Le principe d'où dérive toute règle morale, collective ou individuelle, est la Bonté, c'est-à-dire l'Amour rayonnant au delà de la collectivité ou de l'individu. L'évolution sociale et politique de la Prusse et de l'Allemagne contemporaine s'est écartée de ce principe fondamental, base nécessaire de toute civilisation durable et progressive. C'est pour l'avoir méconnu que la culture germanique s'est enfoncée dans la matière, échappant à l'influx vivifiant et fécondant des forces spirituelles dont je viens de définir la plus puissante, qui est la sympathie dans son sens étymologique, c'est-à-dire l'amour.

Ce vice éthique a défiguré le patriotisme germanique, enlaidi une belle vertu. Le courage, l'esprit de sacrifice, le mépris de la mort dont nos adversaires ont donné tant de preuves, nous inspirent une admiration qui n'est pas sans mélange. On devine un idéal barbare, inférieur, presque sauvage chez eux. Ils provoquent de la répulsion, car ils nous apparaissent comme les soldats du mal et les champions de la déchéance.

Ils se sont jetés sur nous au moment choisi par eux; à l'heure qu'ils ont jugée favorable à leurs instincts. Ils ont calculé avec une exactitude remarquable les éléments matériels du problème qu'ils avaient à résoudre. Ils n'ont pas compris que ces éléments matériels ne donnaient pas l'équation exacte des forces en présence. Ils n'ont calculé que les plus basses, celles au-dessus desquelles ils ne pouvaient rien apercevoir, à cause de leur profond abaissement moral. Mais le vent de l'Esprit a soufflé : la Belgique a refusé de se déshonorer; la France s'est réunie en un bloc solide, et les colonies anglaises se sont serrées autour de la mère patrie menacée. L'Allemand n'avait pas compris la force de l'Amour dans nos sociétés, où existe le culte de la liberté, de l'honneur et de la loyauté.

C'est pour n'avoir pas eu l'intelligence des forces de l'Esprit, que le gouvernement impérial allemand à violé la neutralité belge, et forcé l'Angleterre a descendre en armes dans l'arène.

C'est ce que M. de Bethmann-Hollweg appelait « donner un coup de poignard dans le dos » « pour un chiffon de papier ». Les obligations morales de la Belgique et de l'Angleterre, leur fidélité aux traités et leur sentiment de l'honneur étaient incompréhensibles pour le chancelier de l'Empire. Ce sont des forces spirituelles ; l'inintelligence germanique, en les méconnaissant, a provoqué leur énergie redoutable et commis une faute qui scellera probablement le destin de l'Allemagne.

La tare originelle de ce que les Germains appellent leur « kultur », — terme emprunté à notre langue et dont ils ont déformé l'orthographe et altéré le sens, — est l'infériorité morale ; les conditions de cette infériorité sont le matérialisme des objets que se propose leur éthique sociale, son caractère égoïste, son manque de sympathie pour autrui. Elle ignore l'amour du prochain, elle fait de la puissance matérielle la raison d'être de l'État, dont l'expression la plus haute est la force en action, c'est-à-dire la guerre [1] et la fonction principale, la domination.

L'abaissement du niveau moral de l'Allemagne, en tant qu'Etat, a eu pour effet d'abaisser le niveau moral des individus, dès que leur action devient collective, ou que leurs actes tendent à une fin collective. J'ai montré ces caractères dans le patriotisme allemand, tel que l'influence de l'administration impériale l'a façonné. On les retrouve dans la manière dont l'Allemagne a préparé et précipité la guerre. On aperçoit leur brutale réalité dans les méthodes militaires germaniques. Rien ne met plus vivement en évidence l'absence d'intelligence supérieure, que les pratiques des chefs de l'armée germanique.

Je n'examine pas leur valeur technique; je la crois grande. Plusieurs de leurs généraux ont obtenu des succès qui rendent vraisemblable leur capacité, et l'échec relatif de leur campagne en France n'est pas la marque de leur inaptitude. L'arrêt et le recul de l'invasion sont peut-être dûs à l'action de ces forces spirituelles qui ont agi en notre faveur. Mais je n'ai aucune qualité pour

1. Voy. Treitschke, op. cit., I, 72.

apprécier le côté technique des opérations militaires, et j'examinerai les théories germaniques au
point de vue de la philosophie sociale seulement.

Le principe en est juste : ils ne l'ont pas inventé.
La victoire consiste à briser la résistance de l'ennemi. C'est par la violence que l'on obtient ce résultat, difficile à atteindre par la douceur.

L'inintelligence des chefs de l'Allemagne a tiré
de ces principes les plus dangereuses conclusions.
Elle a raisonné sur les données matérielles du problème, et n'a tenu compte des forces morales que
dans leurs rapports avec ces éléments matériels.

Ce défaut paraît être une imperfection essentielle de la nature germanique. L'Allemagne ne sait
pas se faire aimer des peuples qu'elle soumet, à
moins qu'ils ne soient de sa propre race, obéis-
sante et plastique. L'histoire moderne en fournit
des exemples : la Pologne, la Bohême, l'Alsace-
Lorraine, les provinces Slaves de la monarchie
austro-hongroise. Il en est de même dans l'histoire
ancienne : les Allemands d'Autriche ont soulevé la
haine des Italiens soumis à leur domination, Lom-
bards, Milanais, Vénitiens, et *irredenti*. Les Ger-

mains n'ont songé qu'à recourir à la force et à l'oppression. Ils ont échoué, alors que l'Angleterre, par d'autres moyens, a montré que le succès est possible. Notre influence a conquis l'Alsace plus solidement que nos armes.

La guerre actuelle — et cela est vrai de toutes les guerres prussiennes, sauf celle de 1866 qui avait un objet spécial — a mis en un relief singulier cette lacune de l'intelligence allemande. S'emparant des principes fondamentaux de l'art de la guerre, elle en a déduit un système conforme à sa philosophie politique et sociale.

La victoire doit être recherchée par tous les moyens, qui se justifient par leur fin. Par suite de l'obligation du service militaire, adoptée dans la plupart des Etats Européens à l'imitation de l'Allemagne, la guerre n'est plus la lutte des armées, mais celle des peuples. Il faut briser la résistance des peuples pour venir plus complètement et plus rapidement à bout de celle des armées. Les soldats sont moins impressionnables que les populations civiles, que les femmes et les enfants; mais une action énergique contre les civils entraînera leur découragement, et par suite la démoralisation de l'armée ennemie.

De là est née la conception de la guerre sans pitié: de la guerre par la terreur. Les écrivains militaires allemands ont été jusqu'à prétendre qu'une telle guerre était véritablement humaine, parce que l'excès du mal en abrégerait la durée. Ce sophisme ne peut tromper personne et je ferais injure à la logique en le discutant. L'événement d'ailleurs en a démontré la vanité.

La conception germanique renferme cependant une part de vérité : la terreur est un puissant moyen d'intimidation. Tamerlan et Gengiskhan en avaient fait l'application au XIII° et au XIV° siècles. Mais on pouvait espérer que l'Europe du XX° aurait eu d'autres sentiments.

La Prusse, devenue l'Allemagne, en a jugé d'une manière différente. Elle a eu raison dans la mesure où elle a rencontré en face d'elle des peuples désireux d'éviter la guerre, ou trop faibles pour en courir les risques. On peut aller plus loin et admettre que les succès militaires de l'empire germanique ont attiré à ses méthodes une certaine clientèle. Nous en pouvons juger, par exemple, d'après la Suisse, où certains officiers chargés de missions confidentielles ont agi de la manière que l'on sait. Ils paraissent avoir fait leur éducation militaire en Allemagne et y avoir reçu un enseignement propre à développer, à la mode allemande, le sentiment de l'honneur. On pourrait citer d'autres exemples, mais ils sont inutiles.

La *Schrecklichkeit* germanique, la terreur, n'a pas donné de résultats lorsqu'elle a été employée à l'égard de nations libres et fortes. L'usage de cette méthode est une nouvelle marque de l'inintelligence des chefs du parti militaire allemand. Leur barbarie, loin de réduire leurs adversaires par la crainte, a excité leur colère, affermi leur résolution. On l'a vu notamment en Angleterre, où les bombardements, les raids de Zeppelin, les torpillages de paquebots ont été l'occasion de manifestations patriotiques. L'Allemagne, par ces procédés aussi stupides qu'inutiles, a été le meilleur agent de recrutement pour son ennemie. Je doute que ce soit le résultat qu'ait cherché l'État-major germanique. Il a réussi à secouer l'apathie britannique, a contribué pour la meilleure part à l'effort prodigieux qui a fait surgir du sol anglais les usines militaires, les canons, les munitions et les soldats, par millions.

Il en a été de même chez nous. Une fraction considérable de nos concitoyens était hostile à la guerre, par respect pour ses principes et par fidélité à ses pactes internationalistes. L'État-major allemand a encore réussi à exaspérer ces pacifiques, à transformer ces hésitants en guerriers résolus.

Nos adversaires ont été plus loin. Ils ont cru pouvoir entraîner les États-Unis dans leur orbite, empêcher cette nation puissante de fournir aux Alliés les ressources nécessaires à la lutte. On sait que leurs tentatives ont échoué ; on sait comment ils ont soudoyé des incendiaires et des assassins pour détruire les fabriques de munitions, faire sauter les navires chargés de matériel. Ces crimes ont fait l'objet de poursuites devant les cours criminelles ; la complicité des attachés militaire et naval de l'Empire a été établie. L'ambassadeur d'Autriche a été congédié. Le gouverne-

ment fédéral a recommandé aux Chambres légis-
latives des États-Unis l'adoption de lois punissant
les manœuvres des germano-américains. Ces derniers, fidèles à leur patrie, appliquaient les règles
de conduite qui leur avaient été enseignées.

Le torpillage des paquebots a été enfin l'idée la
plus inintelligente de toutes. Des enfants, des
femmes ont été massacrés, des neutres ont péri
en grand nombre parmi lesquels des citoyens des
États-Unis. La diplomatie germanique s'est jouée
de la patience des autorités fédérales, qui paraît
être à bout, malgré le désir du Président de ne
pas froisser l'Allemagne, et les électeurs germains.
Les chefs militaires de l'Empire ont réussi à
s'aliéner une grande partie des sympathies sur
lesquelles l'Allemagne pouvait compter aux États-
Unis. Les calculs de l'État-major prussien, établis sur les considérations d'ordre matériel —
intérêts financiers, électoraux, craintes de com-
plications, — n'ont pas tenu compte de la fierté
des Américains du Nord et de leur respect du
droit, forces spirituelles encore que l'Allemagne
ne perçoit plus.

Il est vrai que la patience a été la plus grande
vertu du gouvernement fédéral, et que M. Bryan
était secrétaire d'État aux Affaires Étrangères.

On ne peut considérer comme un succès la
politique de terreur élaborée par l'État-major
germanique. Elle a impressionné certains gouvernements pour diverses raisons : mais il semble que
ces gouvernements étaient prédisposés en faveur
de l'Allemagne. Les alliances de famille des souverains de Suède, de Grèce, de Roumanie, de
Hollande, de Bulgarie les rendaient particulièrement accessible à l'influence de la Cour de Berlin. Les pays dont les rois sont de race indigène, ou
bien ont contracté des alliances avec des princes
non-allemands, ont échappé à cette main-mise;
l'Italie, la Serbie, la Norvège par exemple. Les
États-majors de plusieurs armées neutres sont
composés d'officiers ayant fait leur éducation
militaire en Allemagne. C'est, m'assure-t-on, le
cas de la Suède, de la Grèce, de la Roumanie, et
même de la Suisse. Le gouvernement impérial a
utilisé sans scrupule ces officiers germanisés.

Les éléments aristocratiques, conservateurs et

catholiques sont en général bien disposés pour
les empires du centre qui représentent des traditions dont la France et l'Angleterre se sont
éloignées. La politique française, dans ces dernières années, a offensé les catholiques d'une
manière qui nous a été préjudiciable.

L'Allemagne a tiré parti de ces circonstances,
mais, en s'assurant des gouvernements elle n'a pas
cherché à gagner les peuples. La force, en définitive, appartient à ceux-ci, et les peuples obéissent
plus facilement aux sentiments que les gouvernements, qui sont préoccupés des intérêts matériels,
et non des forces morales. Celles-ci agissent sur
les peuples et je suis persuadé que les doctrines
professées par la Prusse finiront par soulever la
conscience publique, par dresser contre le système militaire allemand des forces destructrices.
Ce mouvement paraît exister aux États-Unis, malgré le nombre et l'influence des électeurs allemands qui y vivent.

La terreur allemande n'impressionne pas les
peuples forts. Cette nuit, les généraux allemands
ont fait, peut-être pour fêter l'anniversaire de

l'Empereur, lancer des bombes sur Paris. Ils n'ont intimidé personne, mais donné un nouvel aliment aux sentiments de vengeance et de colère qui affermissent la résolution de la population.

Toute la doctrine germanique, admirée par des élèves militaires sans jugement critique, repose sur une conception inintelligente. La guerre sans pitié « sans aucune espèce de sentimentalité » pour employer l'expression du chancelier de l'Empire, est une erreur fondamentale du XXᵉ siècle: la sentimentalité, dont M. de Bethmann-Hollweg se félicite de voir son pays débarrassé, est une force infiniment plus grande que la brutalité, la rapacité, la barbarie, dont est faite la guerre à l'allemande.

Nos adversaires — certains d'entre eux au moins — s'en aperçoivent. Ils s'étonnent de n'être pas aimés, à la façon de cette mère qui fouettait perpétuellement son enfant pour l'obliger à être gai et s'étonnait de n'y point réussir.

Les hommes du gouvernement n'ont pas cette faiblesse. Il leur suffit d'être craints; la force leur parait être le meilleur moyen de maintenir l'ordre et la discipline, dont l'Allemagne a offert un exemple remarquable. Mais il y a une ombre au tableau. La race germanique se prête facilement à la discipline, écoute volontiers l'autorité, subit avec une sorte de fatalisme résigné l'usage, l'abus même de la force. Les populations soumises en Pologne, en Alsace-Lorraine, ont frémi sous le joug et ont réagi autrement que les Allemands.

Le manque de formes et de souplesse dont l'administration purement germanique a donné tant de preuves dépend probablement de l'inaptitude des Allemands à comprendre les sentiments des autres races. Ils leur prêtent les manières germaniques de sentir et de penser. On a souvent signalé ces caractères de la psychologie allemande, et beaucoup de circonstances les justifient. La tendance à tout apprécier à leur propre mesure, l'habitude de juger autrui d'après eux-mêmes, à se croire supérieurs aux autres, ont été les éléments favorables à la déviation de leur patriotisme et leur causeront au point de vue extérieur un dommage plus grand encore que celui dont ils ont souffert dans leur développement moral interne.

V

L'Esprit germanique
et les Conséquences de la guerre.

LA THÉORIE DE L'ÉTAT. — LE DROIT DE LA FORCE. —
LA SIGNIFICATION DE LA GUERRE ACTUELLE. —
LUTTE DE DEUX CIVILISATIONS. — L'IDÉAL ALLE-
MAND. — LE MILITARISME, SES EXCÈS. — L'ARMÉE
ET L'AUTOCRATIE PRUSSIENNES. — LE GOUVERNE-
MENT ET LE MILITARISME. — L'EVANGILE ALLE-
MAND. — SON CARACTÈRE RÉGRESSIF. — HOMOLOGIE
DE L'ÉVOLUTION DU DROIT INTERNATIONAL ET
DES DROITS NATIONAUX. — ERREURS DE PRINCIPE
DANS LA THÉORIE ALLEMANDE; SON CARACTÈRE
ARCHAÏQUE. — LA GUERRE CONTRE LA BARBARIE.

L'analyse que je viens de faire permet des conclusions instructives qu'il ne faut pas perdre de vue
quand on envisage les conséquences de la guerre.

Je ne me propose pas de rechercher ici le bien

fondé des accusations portées contre les États-
majors allemands. Il est vraisemblable que les
crimes dont ils sont accusés ont été réellement
commis, les enquêtes prescrites par les gouvernements français et belge constituent des charges
difficiles à réfuter. La preuve de ces atrocités sera
l'œuvre de la justice des peuples, qui frappera, je
l'espère, les coupables. Mais ces crimes n'ont, au
point de vue sociologique, d'autre valeur que celle
d'applications pratiques de monstrueuses théories.

Ces théories sont officiellement formulées par les
autorités militaires allemandes, publiquement
enseignées par leurs écrivains et leurs professeurs.
Elles représentent une conception dont l'importance
est fondamentale pour la civilisation. Il n'est pas
douteux que le triomphe de l'Allemagne apporterait
à son système d'éthique sociale un appui considérable, susceptible d'agir puissamment sur l'évolution de la civilisation universelle, particulièrement sur celle de l'Europe.

On connaît le système. Il n'y a pour un État
aucune obligation morale. Sa raison d'être est la
puissance, le critère de sa conduite doit être recher-

ché dans son intérêt. Rien n'est au-dessus de l'État souverain, il n'a d'autre sanction à craindre que celle de sa faiblesse. Dans les rapports d'États à États la force est le juge du dernier ressort; c'est par conséquent l'origine comme la justification de son droit.

La force s'exprime par l'armée, s'affirme dans la guerre par la victoire; tous les moyens sont bons pour l'obtenir. Fonction d'une entité supérieure à toute règle morale, la guerre participe de son indépendance. De même qu'aucun traité ne lie réellement l'Etat, de même aucune règle, aucune convention ne doit l'embarrasser quand il fait la guerre. Il sera absout par la victoire.

C'est par application de ces principes que la diplomatie germanique considère les traités internationaux comme des chiffons de papier, les obligations imternationales comme des engagements sans valeur durable. Aussi les Allemands, ayant cru avoir intérêt à violer la neutralité belge, sont convaicus d'en avoir eu le droit. Leur jugement est complètement faussé dès que la notion de leur intérêt personnel intervient.

C'est encore par application de leurs théories
militaires qu'ils ont traité la Belgique avec la
dernière rigueur, qu'ils ont détruit des monuments et des œuvres d'art, coulé des paquebots,
bombardé des villes ouvertes et massacré des
femmes et des enfants. C'est à de pareilles aberra-
rations criminelles qu'aboutit la Kultur germanique.

Il faut être persuadé d'une vérité, dont la connaissance et la compréhension sont nécessaires
pour apercevoir la signification spirituelle du conflit actuel, pour discerner, au delà du choc des
forces de la matière, le conflit des énergies de
l'esprit. Deux formes de civilisation sont en lutte,
et l'avenir du monde dépendra dans une certaine
mesure de l'issue de cette guerre formidable, sans
exemple dans l'histoire.

Elle n'a pas de précédents militaires. Jamais des
armées aussi nombreuses n'ont été lancées les
unes contre les autres, jamais les vies humaines
n'ont été détruites avec une telle prodigalité.
Après vingt mois de guerre, l'Europe a perdu près
de quatre millions de tués, un nombre presque

aussi grand de blessés, infirmes incurables. Quelle guerre a jamais fait couler de pareils flots de sang, de pareils torrents de larmes ?

Pour n'avoir pas de précédents de ce genre, la guerre dont nous supportons le lourd fardeau n'est pourtant pas un phénomène isolé. D'autres grandes guerres ont désolé l'humanité ; celles de la Révolution et de l'Empire, celle de Trente ans, les invasions barbares, la conquête arabe, d'autres encore. Dans ces longues guerres, nous voyons le conflit des grandes forces de l'esprit. La Révolution déployait ses drapeaux tricolores au vent de la liberté, se dressait contre les privilèges et les inégalités sociales. La guerre de Trente ans est une lutte religieuse, la liberté de la pensée protestante contre l'autorité catholique. Religieux aussi les conflits entre le monde musulman et le monde chrétien. Seules les invasions barbares rappellent la guerre actuelle : les tribus germaniques se sont ruées sur l'Empire romain décadent pour le piller et l'annexer. Et l'on sait quel a été le résultat de ces invasions : la brillante civilisation du IIIe siècle a disparu dans la nuit du moyen âge. A la paix romaine, à l'unité romaine ont succédé les guerres privées et l'émiettement féodal.

Les grandes crises de l'humanité sont provoquées par des causes qui dépendent de l'esprit et nous retrouvons ces causes daus la guerre actuelle. L'immensité des armées, la perfection des armes, l'acharnement des combats sont l'expression matérielle de la grandeur du conflit moral.

Nous avons vu quelles étaient les causes profondes et occasionnelles de la guerre ; nous comprenons pourquoi l'Allemagne l'a déclarée, nous savons quels avantages matériels elle en attend. Cependant, malgré le réalisme de la politique prussienne, l'âme allemande perçoit l'existence de son Idéal national, sans en reconnaître pourtant l'infériorité. Elle sent qu'elle ne lutte pas seulement pour s'emparer des ports de la Belgique, des mines de notre région du Nord-Est, de l'or de nos banques ; elle prétend apporter au monde un nouvel évangile, une formule nouvelle de civilisation. Ce n'est pas la foi, comme Pierre et les apôtres, comme Mahomet et Ali, ni la liberté d'examen comme Luther, ni la liberté égalitaire comme la France de 1792. C'est l'organisation, dont Ostwald et Hæckel nous ont résumé les principes. C'est une liberté spéciale, apte à se mouvoir dans des limites déterminées. C'est la liberté du train de chemin de fer qui se meut sur des rails d'acier ; ou plutôt c'est la liberté des fourmis et des abeilles, si bien adaptées à leur œuvre qu'elles n'ont pas l'idée d'en accomplir une autre, ni d'en modifier les rites fixés. L'Etat, la nation, le monde enfin, seraient des ruches, des fourmilières immenses, dans lesquelles chacun aurait sa tâche prescrite, où l'ordre et la discipline atteindraient une telle perfection d'organisation qu'aucun changement n'y serait désormais possible, et que la mort serait la seule liberté laissée aux vivants.

MM. Ostwald, Hæckel et leurs disciples n'aperçoivent peut-être pas ce résultat ultime de la réalisation intégrale de leur idéal, mais tel serait l'état final d'une société parfaitement organisée. Le progrès matériel serait possible, non le pro-

grès spirituel, car toute idée nouvelle est un principe de désordre, un germe de changement, une
désorganisation des choses existantes.

Je ne veux cependant pas insister sur cette
considération, dont la vérité n'apparaît qu'après
l'analyse des tendances et ne saurait être immédiatement saisie. J'entends m'appuyer sur des faits
connus, simples, mais suffisamment instructifs.

L'Allemagne s'est soumise à un système mili-
tariste dont elle est fière, dont ses plus illustres
docteurs ont fait le panégyrique. Nous connaissons ce système, qui fait du service militaire une
sorte de religion patriotique, dont l'Empereur est le
Dieu, dont les officiers sont les prêtres. Les privi-
lèges dont jouissent les officiers allemands cho-
queraient nos idées démocratiques, auxquelles on
peut reprocher l'excès contraire. Les événements
de Saverne ont démontré la gravité des abus
auxquels pouvait conduire l'exagération d'un
principe juste. S'il convient d'honorer nos officiers,
et de leur donner la situation qu'ils méritent, il
est dangereux d'en faire des maîtres irresponsables,
comme en Prusse.

D'ailleurs nos officiers sont des gentilshommes. Nous ne les voyons pas prendre le haut du trottoir, obliger les femmes à leur céder le pas, s'arroger partout la première place, quels que soit l'âge et le rang des civils présents. Nous n'imaginerions pas un chef de l'État-major traitant le premier ministre comme un inférieur, ainsi qu'il advint paraît-il à M. de Falkenhayn à l'égard de M. de Bethmann-Hollweg. Les Anglais ont depuis long-temps observé que peu d'Allemands étaient des « gentlemen ».

L'autorité politique, la force sociale, les privi-lèges, appartiennent aux castes militaires en Alle-magne, et particulièrement en Prusse, où le corps des officiers se recrute presqu'exclusivement dans la noblesse, petite ou grande. Celle-ci sert dans les corps d'élite, la garde, celle-là se répand dans les troupes ordinaires. Mais la morgue et la raideur sont partout les mêmes. Il est de mode que l'officier allemand soit tranchant, *Schneidig*.

Il en résulte que l'armée, dont l'importance est suprême en Allemagne, subit la direction absolue, sans contrôle, de l'Empereur et de ses conseillers

militaires. Ceux-ci se recrutent dans des partis
politiques déterminés, celui des Junker, ou hobereaux, qui se confond pratiquement avec les partis
conservateur et agrarien, et dans les éléments
aristocratiques du centre catholique. En Prusse,
et la Prusse est aujourd'hui toute l'Allemagne, la
mainmise par le parti des Junker sur l'armée, place
toute la force matérielle de l'État à la disposition
de l'Empereur et de la Cour. Cette appropria-
tion paraît si naturelle, elle est tellement entrée
dans les mœurs prussiennes, que l'on a pu lire dans
les journaux les fréquents discours de Guillaume II
à ses recrues : il leur rappelle que s'il leur commande de tuer leurs amis, leurs frères, leurs
parents, ils ne doivent pas hésiter à lui obéir.
L'obéissance passive à ses chefs est le premier
devoir du soldat. *Perindè ac cadaver*.

La Prusse a fait de son armée un instrument de
domination politique, une force prête contre
l'ennemi intérieur aussi bien que contre l'extérieur. On comprend que la Prusse ait pu se pré-
server du suffrage universel, du parlementarisme
occidental, et conserver une monarchie en appa-

.rence constitutionnelle, mais en réalité absolue.

C'est, par conséquent. en Prusse d'abord, et en Allemagne ensuite, que l'action de ce gouvernement autocratique se fait partout sentir. Son autorité est omniprésente, omnipotente. Sa responsabilité est du même ordre. C'est lui qui a favorisé l'évolution morale de l'Empire dans le sens que j'indiquais plus haut, l'éloignant de l'esprit pour le confiner dans la matière, faisant de l'enseignement, des obligations militaires, des fonctions publiques, de la religion elle-même, les instruments de sa volonté. La démoralisation de la religion officielle en Allemagne est un phénomène social attristant à notre époque d'informations rapides et de libre critique. Comment juger un Empereur et des chefs qui mettent sous la protection de Dieu le parjure et la violence? Ils invoquaient sa bénédiction sur l'armée qui allait violer la neutralité Belge, et soumettre la malheureuse et noble Belgique au traitement dont nous connaissons l'horreur.

C'est à ses résultats qu'il faut mesurer la civilisation allemande, la Kultur pour lui conserver son

orthographe et son nom, car la Kultur germanique
est une civilisation bien particulière. De même
que son expression matérielle la plus haute est
dans l'armée, de même son expression morale la
plus élevée est dans ses règlements militaires et
ses traditions diplomatiques. Ce sont les fruits que
nous permettront d'apprécier la valeur de l'arbre.
Or, nous savons quels sont ces fruits. Aucune
discussion n'est possible sur ce point, Non seulement nous possédons les doctrines formulées par
les maîtres de la pensée germanique, mais aussi
leurs applications. La violation des neutralités
belge et luxembourgeoise par exemple, et les
justifications présentées par les personnages les
plus autorisés de l'Empire. Nous avons les actes
de barbarie que j'indiquais plus haut, et la manière
dont ils ont été accueillis par l'Allemagne. Nous
avons Louvain, Malines, Reims, Arras. Nous
avons pis encore.

Les armées allemandes sont accusées d'avoir
commis des atrocités sans nom. Les constatations
faites semblent donner créance à ces accusations.
Retenons-les, pour les examiner à divers points

de vue plus tard; mais pour le moment, prenons-
en note seulement. Elles sont inutiles à notre raisonnement, n'étant que la conséquence de principes ouvertement professés par les autorités
allemandes.

Ce sont ces principes mêmes, et leurs applications avouées par nos ennemis, qui caractérisent
leur Kultur. Elles se résument dans l'affirmation
qu'aucune règle morale ne saurait obliger un État.
C'est la quintessence de la pensée civilisatrice de
l'Allemagne, le fondement de son éthique internationale.

C'est en cela qu'elle apporte au monde un
évangile criminel. C'est pour en empêcher la pro-
pagation que nous luttons ; nous avons le sentiment
de combattre pour la vérité, la justice, le bien,
contre l'erreur, l'iniquité et le mal. C'est en cela
que la guerre actuelle dépasse les guerres ordinaires. Ce ne sont point des États qui cherchent à
se vaincre, ce sont deux formes de civilisation qui
combattent à mort, car elles ne peuvent coexister.

Beaucoup d'écrivains ont déjà montré, avec
talent et avec force, le caractère tragique d'un con-

flit pareil. Ce n'est pas seulement le sort des Etats qui est en jeu, c'est l'avenir même de la civilisation. On a eu raison de dire que nous luttons pour la justice et le droit contre la force. Glorieuse mission que le destin nous confie.

Il ne faut pas écouter seulement notre sentiment pour juger la civilisation allemande. Elle nous répugne, mais un esprit libre et critique peut avoir des doutes. L'Allemagne aurait-elle raison, en définitive, de sacrifier à l'intérêt de l'Etat toute règle morale? De ne considérer que le profit, sans s'inquiéter de l'honneur? N'aurait-elle pas raison de ne croire qu'au droit de la force?

L'influence qu'elle a exercée peut justifier ces doutes et nous faire craindre de nous tromper en obéissant à une sentimentalité démodée.

L'histoire des sociétés nous rassure; elle nous convainct de l'erreur immense que nos adversaires ont commise. Ils sont condamnés par l'expérience humaine.

Au point où en est arrivée l'évolution de la civilisation matérielle, les rapports entre les sociétés humaines ont acquis un degré de fréquence et de complexité qui rappelle, toutes proportions gardées, les rapports qu'ont, les uns avec les autres, les individus dans une société déterminée. Le droit international suit un développement qui est parallèle au droit interne, au droit privé de chaque pays.

Nous constatons que la force a joué, dans les sociétés primitives, le rôle que l'Allemagne lui attribue dans la société des nations. L'expérience a montré que la vie sociale n'était pas compatible avec un pareil ordre de choses. La force est un point d'appui éphémère. Dans les villages africains où l'autorité du chef dépend de sa force, l'ordre est fréquemment troublé, car la maladie, l'âge, les accidents diminuent la force ou la font disparaître, ou bien des rivaux plus robustes surgissent. Le pouvoir passe de l'un à l'autre, et la liberté n'existe que pour le chef, qui en abuse.

L'évolution de nos sociétés civilisées a tendu sans relâche à substituer à la force, en tant que base de l'ordre social, un autre principe plus stable et plus conforme à l'intérêt général et au sentiment de la justice ou de l'équité. Les causes efficientes de ce progrès sont nombreuses : l'intérêt des individus, la religion, et plus tard, la morale, en sont les plus actives, de sorte que l'histoire du progrès des sociétés est en réalité celle de leur évolution vers l'idée du droit, vers des conceptions morales.

L'Allemagne transporte au contraire les idées primitives, abandonnées dans les relations des membres d'une société entre eux, aux rapports entre États. La durée d'une société est plus grande que celle d'un individu ; l'époque où la vieillesse l'affaiblira est plus incertaine, mais les dangers que court un État ne diffèrent pas des périls auxquels l'individu est exposé, quand il compte sur la force seule pour se protéger contre l'agression d'autrui. La force est indispensable, car dans une société policée il peut exister des criminels, auxquels il est bon de pouvoir résister, et dans une société d'états il peut se rencontrer des États criminels. Mais la force ne suffit pas. Il faut des gendarmes et des juges.

Le droit international public, tel que l'Allemagne le conçoit, fait de l'État moderne une sorte de chef de village africain, dont la force est l'unique appui.

Mesurée à la vie des sociétés, la sécurité et la durée d'un État ainsi soutenu sont aussi précaires qu'incertaines. D'autres États viendront, plus peuplés ou mieux armés, des coalitions se formeront. L'ordre du monde ne pourra pas se fixer et la cité des sociétés reproduira, dans ces circonstances, le stade depuis longtemps franchi par les cités des individus.

Je ne puis songer à étudier en détail les raisons historiques et ethnologiques qui confirment ma thèse. Il suffit d'ailleurs de constater que, sans exception, toutes les sociétés qui sont arrivées à la civilisation ont développé un Droit, dont le principal objet était de garantir la vie, la sécurité, les propriétés et l'ordre ; la première fonction du droit, est d'opposer à la force des individus une force supérieure, réglée par des lois ou des coutumes, c'est-à-dire disciplinée, relativement étrangère aux passions individuelles. La violence et le goût de la rapine sont les plus fréquentes chez les hommes primitifs.

L'Allemagne, dans ses conceptions du droit public national et international, part d'un principe dont l'expérience humaine a montré la fausseté dans les rapports des individus entre eux.

Les sociétés se comportent les unes avec les autres comme des individus, c'est-à-dire contractent des obligations actives et passives; la Prusse elle-même n'a pu se soustraire à cette nécessité de la vie internationale. Elle a signé des traités, dont elle exige le respect quand elle y a intérêt. Cette constatation de fait suffit à démontrer que la thèse germanique de l'État absolu, constituant sa propre fin, seul juge de ses devoirs et de ses droits, est inadmissible en pratique. C'est une théorie au goût allemand, qui est d'ordre métaphysique, et n'est appliquée d'habitude que dans des cas particuliers, où elle sert de justification. Le bon sens en fait apparaître la contradiction essentielle: si l'État n'a aucune obligation dont il ne puisse se dégager à son gré, pourquoi en contracte-t-il dans les traités internationaux? Une obligation que l'on peut à son gré accomplir ou ne pas accomplir n'est pas une obligation véritable, et les traités qui la consacrent sont des chimères.

C'est bien là, d'ailleurs, ce qu'a proclamé le governement impérial : les traités sont des chiffons de papier, et nécessité n'a pas de loi. Ces principes peuvent mener fort loin, quand on s'érige en juge de ses propres nécessités. La guerre actuelle, et les violations initiales des neutralités, sont des applications naturelles des théories germaniques. Les excès du régime de terreur imaginé par l'Allemagne sont également le fruit de ces doctrines ; une nécessité imaginaire les justifie aux yeux des chefs militaires.

En résumé, la *Kultur* divinise l'État, le met au-dessus de la morale, en dehors de la bonne foi. Son avantage, tel du moins que l'intelligence inférieure de ses chefs le conçoit, est son unique principe directeur. Il n'a aucun respect de la loyauté, aucun égard pour la faiblesse de nations, qui pour être petites par leurs dimensions, peuvent être grandes par leurs traditions, leur gloire, leur civilisation. La force et l'intérêt matériel existent seuls et produisent naturellement la brutalité, la violence, le pillage, le mensonge, les expéditions militaires contre des vieillards, des femmes, des enfants. Guerre perpétuelle, tel est l'Idéal civilisateur ger-

manique. Guerre par la violence ouverte et la terreur, ou guerre par les armements, les intrigues,
la lutte industrielle et commerciale. Guerre sans
trêve, avec des soldats, des commis-voyageurs et
des espions.

C'est contre cette barbarie que nous prenons les
armes; c'est pourquoi nous avons raison de dire
que nous combattons pour les faibles, que nous
luttons pour le respect de l'honneur et de la justice,
pour la civilisation moderne, en un mot, contre la
barbarie primitive. La Kultur en a l'indélébile
empreinte, malgré ses industriels et ses savants.

Et c'est pour cela que la présente guerre revêt
un caractère en quelque sorte auguste. La victoire
des alliés sera la libération de l'humanité.

VI

Le Destin de la France vaincue.

ANNEXIONS, EXPROPRIATIONS, EXPULSIONS. — INDEM-
NITÉS ET RUINES. — LA DÉCADENCE ET LA MORT.

Quel serait en effet notre sort, quel serait le destin de l'Europe si la cause de la justice ne triomphait
pas? Il faut nous en rendre compte, nous pénétrer
des desseins de l'agresseur pour trouver dans la
connaissance de ses projets de nouvelles sources
de courage et d'indomptable résolution.

L'écrasement définitif de la France est l'objet
immédiat de l'Empire germanique. Notre patrie
doit disparaître en tant que grande puissance; elle
doit cesser d'être un danger ou une gêne pour l'Allemagne. Les discours officiels des chanceliers
impériaux ont abusé de la France comme épouvan-
tail : elle était comme une sorte de spectre rouge

qu'il suffisait de montrer pour obtenir tous les cré-
dits militaires désirables. Dieu sait avec quelle
bonne foi notre attitude était dépeinte!

Nous n'avons jamais accepté l'annexion à l'Empire allemand de l'Alsace-Lorraine; nous ne pouvions le faire avec sincérité, et nous avons toujours
protesté contre la violence que nous avions subie.
Mais nos protestations sont restées platoniques, et
personne en France n'a jamais songé à provoquer
l'Empire allemand. Des provocations fréquentes au
contraire nous ont été adressées; les discours des
ministres, les gestes impériaux, les démonstra-
tions de toute espèce ne nous ont pas amenés à
riposter. Tanger, Agadir, Saverne nous ont laissés
si calmes, que l'on pouvait confondre notre sang-
froid avec la crainte. Et, en vérité, il y avait de la
crainte chez nous, crainte d'une guerre que nous
devinions devoir être une catastrophe pour l'Europe, un péril de mort pour nous.

Nos alliances étaient purement défensives : elles
étaient fondées sur le *statu quo* territorial; elles
nous laissaient les risques et les charges d'une
guerre offensive. Nous ne voulions pas courir ces

risques. Peut-être, occupés, absorbés par l'évolution rapide, imprudente même, de notre démocratie, ne le pouvions-nous pas. Nous faisions de la
politique, et ne faisions pas d'enfants. En 45 ans
l'Allemagne avait gagné 30 millions d'habitants sur
nous.

Elle était justement fière de sa fécondité, et
voyait dans notre stérilité relative, un signe de
notre décadence, de notre infériorité physique.

Nous étions un peuple à l'agonie : une nation
destinée à disparaître. Dieu nous condamnait
et l'Allemagne était chargée de l'exécution de son
arrêt.

Elle nous exterminerait dans la mesure du possible.

Il est difficile de savoir exactement ce que voulait nous prendre l'Allemagne. Ses chefs n'ont pas
fait connaître le fond de leur pensée. Nous savons
ce que réclament les pangermanistes, dont la
voix est écoutée. C'est le Nord de la France, la
Champagne, la Franche-Comté. Sans doute pro-
visoirement, car des écrivains plus radicaux
rejettent la France au delà de la Loire.

Nous savons aussi ce que des groupes moins bruyants, mais plus influents peut-être, ont osé demander. Une partie de nos départements du Nord, riches en mines de charbon et en usines, et une partie de ceux de l'Est, avec leurs mines de fer, et leurs forteresses.

L'annexion ne leur suffit pas ; il ne leur convient pas d'avoir de nouvelles Alsaces-Lorraines ; il faut que les conquêtes allemandes soient peuplées d'Allemands de pure race, véhicules de la Kultur. Pour cela, il faut expulser la population française dépossédée, interdire aux Français l'accès à la propriété foncière. Les expulsés émigreront en France, où la population est clairsemée. La profilique Germanie peuplera rapidement ses conquêtes.

Voilà le sort de notre territoire. Des annexions plus complètes, plus dangereuses que celles de 1870[1].

---

1. C'est encore l'état d'esprit des maîtres de la pensée allemande. Le professeur Hæckel, dans un des derniers fascicules du *New York Times Magazine* (cité : *Times*, 3 mai 1916), s'exprime ainsi : « Nous tenons fermement dans nos mains comme gage précieux, des territoires considérables : la Belgique et le Nord de la France à l'Ouest, la Pologne et les pro-

Ce n'est pas tout. Il nous faudra payer les frais de la guerre. Notre ruine sera complète. Nous n'aurons plus les ressources nécessaires pour maintenir une armée, ni même, peut-être, une police. Plus d'entretien de nos routes, de nos écoles, de nos monuments, de nos villes ; toutes nos forces financières seraient consacrées à payer tribut à nos vainqueurs. Nous serions des sortes d'esclaves, enrichissant de notre travail nos maîtres, les

vinces baltiques à l'Est. Ces· riches contrées étaient autrefois des possessions allemandes. Anvers doit rester notre boulevard sur la mer du Nord, Riga le demeurer sur la mer Baltique... En tout cas, lorsque le traité de paix sera signé, nous devons réclamer une extension considérable de l'Empire germanique.

« En le demandant notre motif n'est pas la cupidité ni la soif de l'or qui dominent l'Angleterre, maîtresse du monde, ni le vain orgueil national des Français avec sa manie de la gloire, ni la puérile mégalomanie de l'Italie hallucinée par Rome, ni l'insatiable désir d'expansion territoriale de la Russie à demi-barbare. La raison en est simplement celle-ci : l'Empire allemand surpeuplé a un besoin urgent d'étendre et de fortifier ses frontières qui étaient peu favorables avant la guerre.

« Les provinces nouvelles que nous allons annexer sont énergiques et aventureuses, mais elles peuvent-être germanisées par un traitement prudent et intelligent, ou du moins être rendues accessibles à la Kultur, à l'éducation, à la civilisation allemandes. Cette tâche importante n'est pas chose nouvelle pour l'Allemagne : elle a réussi à l'accomplir dans les siècles passés sur de vastes territoires », etc.

M. Hœckel est un des plus illustres représentants de la

surhommes germaniques. Dans quel état seraient
notre industrie, notre commerce ? Il est facile de
l'imaginer. Bourgeois, paysans et ouvriers
seraient confondus dans une commune misère, car
nous aurions à supporter les charges de la guerre,
les nôtres et celles de nos vainqueurs, et notre
territoire serait réduit, appauvri, à peine capable
de se suffire à lui-même. Les annuités de toutes
ces charges dépasseraient de beaucoup la totalité

---

science allemande ; à lire son article, on se demande à quoi se
réduit sa logique ? Il y a dix ans qu'un de mes amis (Taussat.
Le *Monisme et l'animisme*, Paris, Alcan, in-18) en a montré le
peu de valeur philosophique. Dans l'article cité, je signalerai
simplement la raison que donne M. Hæckel pour justifier les
ambitions annexionnistes de l'Allemagne. Elle est trop peuplée! Or elle veut annexer la Belgique et le Nord de la
France, qui sont très densément peuplées. La Belgique a une
population plus dense que celle de l'Allemagne. Où celle-ci
logera-t-elle le surplus de sa population, à moins qu'elle
n'expulse les habitants comme le proposent les pangermanistes ?

Le raisonnement de M. Hæckel peut se résumer ainsi : l'Allemagne est trop peuplée pour son territoire. Elle doit donc
annexer des régions surpeuplées comme elle.

Il faut retenir l'opinion d'un maître de la pensée allemande :
il veut d'importantes annexions, une meilleure frontière, une
situation politique et militaire plus forte. Son opinion est celle
de la majorité des savants allemands. Ils comptent annexer la
Belgique, le Nord de la France. C'est l'enjeu de leur victoire.
Serait-il juste que la nôtre comporte une simple restitution ?

de notre budget actuel. Soyons sûrs que l'Allemand saurait employer sa force brutale pour arracher jusqu'à notre dernier centime.

Quel serait alors l'état de la France ? Des palais, des monuments publics délabrés, témoins survivants de la grandeur passée et de la honte présente. Des villes incapables d'entretenir leurs rues où l'herbe pousserait ; de vastes maisons inhabitées, aux fenêtres fermées avec des planches, des usines en ruines, des campagnes désolées. La France redeviendrait ce que les barbares du v siècle l'avaient faite, et nos enfants reverraient ce qu'ont vu nos ancêtres : la misère publique, ajoutée à la misère privée ; les temples, les musées, — ou ce qui en resterait — toutes les choses qui vivent notre histoire s'effritant faute de réparations. Et l'Allemagne se réjouirait de ce spectacle consolateur, organiserait des excursions pour montrer à ses enfants son œuvre civilisatrice et ce qui resterait de ce qui fut la France.

Je n'exagère pas. C'est ainsi que se manifeste la ruine qui suit la défaite complète, celle dont on nous menace.

Ce ne sont pas les vainqueurs qui ont détruit les
splendeurs de la ville Impériale ; Rome a vu les
monuments qui faisaient l'admiration des barbares
eux-mêmes s'effondrer sans pouvoir y porter
remède. Elle était trop pauvre pour les entretenir, quand ils n'avaient pas été transformés en
églises. L'histoire s'écrit en cercle.

L'Allemagne reviendrait enfin et nous absorbe-
rait. Notre civilisation serait morte. Notre France
serait un souvenir, comme Ninive, Babylone,
Thèbes, Persépolis, comme la Rome impériale.

VII

Les Dangers d'une guerre indécise.

L'ALLEMAGNE SEULE EN PROFITERAIT. — LES RUINES
A RÉPARER. — L'OUTILLAGE INDUSTRIEL. — LA
FAILLITE. — LA PRÉPARATION DE L'ALLEMAGNE A
LA REPRISE DES AFFAIRES ET LA LUTTE ÉCONOMIQUE.
— L'INFÉRIORITÉ DE LA FRANCE. — LE *Statu quo*
IRRÉALISABLE. — BÉNÉFICES ALLEMANDS. — RENOU-
VELLEMENT CERTAIN DE LA GUERRE.

Il vaut cent fois mieux périr les armes à la main,
lutter jusqu'au bout, avoir la fin de Numance ou
de Carthage plutôt que celle de la Rome impériale.
Si nous n'avions pour affermir notre résolution que
le sentiment de l'honneur et le désespoir, cela
suffirait pour nous décider à succomber glorieu-
sement.

Et vraiment, nous pouvions craindre ce destin

au début de la guerre, quand est venue l'heure de
l'expiation, pour nos folies et notre imprévoyance.
Le courage de nos soldats, l'habileté de nos généraux, l'amour de la patrie ont arrêté, vaincu,
refoulé l'envahisseur. Ses efforts pour nous briser
ont échoué, la victoire foudroyante sur laquelle il
comptait lui a échappé, et les forces réunies contre
lui ne permettent plus à l'Empire allemand de réaliser ses projets. Il occupe la Belgique, le Nord-
Est de la France, la Pologne, mais il ne s'y main-
tient qu'au prix de lourds sacrifices. Il peut espérer la victoire, mais son triomphe sera modeste. Il
peut faire encore un mal immense, mais il n'en
profitera pas. Il le sait, et il désire la paix. Aucun
doute n'est possible sur la réalité de ce désir. La
suppression de son commerce maritime est totale ;
ses échanges sont réduits dans une proportion considérable. Ses industries chôment, lorsqu'elles ne
travaillent pas pour l'armée. L'avenir de l'Allemagne s'assombrit. Les dépenses qu'elle est obli-
gée de faire sont telles, que la victoire dont elle
caresse l'espoir n'apporterait aucune indemnité
réparatrice. Il faut renoncer à ce rêve séduisant du

début. La guerre sera une mauvaise spéculation au point de vue du pillage des caisses alliées. Cela, les chefs allemands le savent et on devine, dans leurs bravades, leur secret désir. Ils pensent qu'il vaut mieux s'arrêter, renoncer à une chimère irréalisable et tirer de la situation le meilleur parti possible. Les territoires conquis sont des gages précieux, que l'on peut échanger. L'Allemagne peut encore faire une paix pleine d'honneur. Elle gardera le plus qu'elle pourra de ses conquêtes, y renoncera même s'il faut considérer la partie comme nulle. Chacun reprendra la position qu'il avait avant la guerre.

Admettons cette solution, la plus favorable pour la France au cas ou la guerre cesserait avant la défaite de l'Allemagne ; supposons que las d'être arrêtés par les tranchées et les fils de fer barbelés, les belligérants renoncent à continuer la guerre, rendent à l'Allemagne ses colonies et la liberté de la mer, en échange de l'évacuation des pays occupés par elle. Quelles seront les conséquences de cette paix fondée sur le retour à l'état des choses antérieur à la guerre ?

Je ne raisonne que dans l'hypothèse la plus favorable, je le répète ; le raisonnement acquerra d'autant plus de force que l'Allemagne fera moins de restitutions. Si elle conserve Anvers, ou le Luxembourg, ou la Pologne, ou la moindre parcelle du territoire envahi, les conditions seront encore plus avantageuses pour elle qu'au cas de restitution totale. Cela est évident.

Qu'arrivera-t-il au cas de restitution totale, de retour au *statu quo ante bellum* ? Il faut supposer que s'il n'y a aucun vainqueur assez fort pour imposer sa volonté au vaincu, il n'y aura pas d'indemnités à payer. Je crois d'ailleurs que les finances des belligérants seront trop obérées pour qu'il puisse en être autrement au cas ou la partie serait nulle.

L'Allemagne aurait alors conservé l'intégrité de son outillage industriel, tandis que la Belgique et la France auraient perdu une grande partie du leur. Elle n'aurait à réparer que les dégâts occasionnés par l'invasion russe en Prusse orientale: les réparations nécessaires, en France, seraient bien plus considérables.

Il ne faut par oublier que les Allemands ont systématiquement détruit nos usines dans les régions envahies, quand ils ne les ont pas utilisées dans leur intérêt propre. On connaît des cas nombreux dans lesquels ils ont démoli des machines, valant plusieurs milliers de francs, pour s'emparer de quelques kilos de cuivre. La guerre enfin a exercé ses ravages sur notre sol, et des milliers de maisons, de fermes, d'édifices de toute sorte sont à reconstruire.

En résumé, une paix obtenue par lassitude, et qui remettrait les choses dans l'état où elles étaient avant la guerre, aurait les conséquences suivantes :

1. Une partie importante de notre outillage industriel est à refaire. Il en est de même en Belgique, en Pologne, dans les pays où l'armée allemande a séjourné. C'est une infériorité grave dans la lutte économique qui reprendra après la guerre. L'Allemagne partira avec une avance matérielle considérable, et aura diminué le nombre de ses concurrents.

2. Les Alliés auront à leur charge d'énormes

dépenses de reconstructions et de mise en état.
Cette charge n'existe pas pour l'Allemagne, sauf
les dommages de la Prusse orientale et de la
Haute-Alsace, qui sont relativement peu de chose.

3. Les emprunts germaniques ont été souscrits
pour la plus grande part, en Allemagne et en
Autriche. Il y a, pour un gouvernement aussi peu
scrupuleux que celui de la Prusse, la possibilité de
décréter des expropriations ou des confiscations
sous forme de consolidations partielles de ses dettes.
Cela serait conforme aux théories allemandes sur
la souveraineté absolue de l'Etat. Nous ne pourrions
agir comme l'Allemagne : nous luttons pour la
loyauté, la sincérité, la justice et le droit.

4. L'Allemagne enfin s'est « organisée » pour la
reprise immédiate des affaires. Il suffit de noter
les faits suivants : les commis voyageurs allemands
ont été libérés temporairement du service militaire pour visiter leur clientèle dans les pays
neutres (Suisse p. ex.) : des achats de matières
premières, pour des sommes immenses auraient
été faits dans divers pays, notàmment en Amérique;
matières livrables dès la conclusion de la paix.

Des stocks de marchandises auraient été accumulés en vue d'une vente immédiate après la fin des hostilités.

L'industrie allemande est donc prête à reprendre une lutte économique *brusquée*. Elle est d'autant mieux préparée à cette lutte que les capitaux ont été principalement employés, dans l'Empire, à favoriser l'installation et le développement des établissements industriels. Les fonds dépensés dans ce but sont représentés par des éléments restés nationaux ; leurs intérêts seront payés dans la mesure où l'industrie nationale prospérera ; c'est une question qui dépend dans une certaine mesure du gouvernement impérial et de la nation elle-même.

Les circonstances, ou peut-être des intérêts bancaires, ont donné à notre politique financière une autre direction. Nos capitaux ont été employés, presque exclusivement, en prêts faits aux pays étrangers. Quelle sera leur solvabilité après une guerre aussi ruineuse? Que deviendront nos créances sur la Turquie, la Serbie, la Grèce, la Bulgarie? En admettant que ces pays souhaitent remplir leurs engagements pourront-ils le faire?

Comment pourrons-nous intervenir soit pour les y
contraindre, chose à peu près impossible, soit pour
surveiller leur administration et leur politique?
Notre argent a été dépensé hors de nos frontières,
rien, dans la limite de notre territoire ne le représente. Il est complètement en dehors de nos moyens
d'action ordinaires [1].

Nous aurons donc des dépenses considérables à
faire pour organiser notre industrie déjà surchar-
gée par la mise en état des usines détruites ou
détériorées. Cet ordre de dépenses existe à un bien
moindre degré pour l'Allemagne.

Il ne faut pas oublier, si l'on veut comprendre
les éléments principaux de ce problème d'écono-
mie sociale, qu'une guerre sans décision définitive
nous laissera dans une situation financière exigeant
de lourds sacrifices. Nos impôts devront être au
minimum doublés, peut-être triplés, nos capitaux
disponibles n'existeront plus, les sources auxquelles
ils se renouvellent et s'augmentent seront taries,

---

1. Mon éminent ami, M. André Bénac, ne partage pas ce sentiment. Il pense que ces créances extérieures contribueront à
notre relèvement économique après la guerre. Je doute qu'il
en soit ainsi pour les pays cités au texte.

ou réduites, et les impôts absorberont la **plus** grosse part de nos économies forcées.

La situation de la France sera donc mauvaise. Elle n'aura ni les avantages, ni le prestige de la victoire; elle supportera le poids d'une lutte subie sur son sol, et des dévastations qui en ont été la conséquence.

Je me suis placé dans l'hypothèse la plus favorable, celle du *statu quo ante bellum*. Il est peu probable que cette hypothèse se réalise. L'Allemagne, si elle n'est pas vaincue, sera en réalité victorieuse. Nous n'empêcherons pas que la guerre n'ait eu ses conséquences fatales : la mainmise économique et politique sur l'Autriche, la Hongrie, la Bulgarie, la Turquie. Le poids de la lutte a été soutenu par l'Allemagne, la défaite de ses alliés eût été déjà un fait accompli sans l'aide militaire et financière de l'Empire, qui s'en dédommagera sans aucune espèce de doute. Ce dédommagement nous est indiqué par les écrivains allemands : l'exploitation économique des Balkans, de l'Asie Antérieure, de la Mésopotamie; la mise en valeur des fertiles plaines où fleurirent Ninive, Babylone,

Séleucie, Bagdad ; des mines et des richesses de l'Arménie, de l'Asie-Mineure et de la Syrie.

Ces prévisions n'ont rien d'une prophétie aléatoire : elles sont des certitudes logiques.

Les avantages que l'Allemagne retirerait d'une paix pareille ne lui suffiraient pas : elle préparerait une nouvelle guerre, elle la préparerait avec le soin, la perfidie, l'obstination dont elle a donné déjà tant de preuves. Il n'y a aucun doute à conserver, aucune illusion à se faire. Les écrivains germaniques favorables à une paix simplement honorable, ne se cachent pas pour déclarer dès maintenant qu'il faudra recommencer la partie.

L'Allemagne attendra cinq ans, dix ans, quinze ans. Elle n'attendra pas davantage soyons-en sûrs. Dans dix ans elle aura réparé ses pertes humaines : elle aura autant de soldats en 1925 qu'en 1914. En sera-t-il de même de la France ? Notre faible natalité n'aura pas compensé nos pertes. Les naissances en Allemagne dépassent les nôtres dans la proportion de 3 à 1.

Instruite par l'expérience, la Germanie engagera la lutte avec plus de prudence. Elle évitera de réunir contre elle la coalition actuelle par des sacrifices qu'elle saura temporaires. C'est sur nous qu'elle se jettera avec une haine féroce, augmentée par la rage de sa déception actuelle.

Ceux qui ont étudié l'Allemagne sont unanimes sur ce point: une guerre sans décision serait une partie remise, une lourde hypothèque sur notre avenir. Il ne faut pas que nos enfants souffrent des maux dont nous souffrons! Epargnons leur les misères, les douleurs, les deuils qui nous accablent, et puisque nous avons été forcés de tirer l'épée, ne la remettons au fourreau que si nous sommes vainqueurs, ne la laissons tomber que si nous sommes blessés à mort. Tenons jusqu'au bout, convaincus que tout serait préférable à une guerre indécise, où tant de sacrifices auraient été inutilement faits.

L'indécision, la paix boiteuse serait pour notre adversaire la victoire indirecte, substituée, celle qu'il ne peut plus obtenir directement.

VIII

Nécessité d'une solution décisive.

CHANCES DE SUCCÈS DES ALLIÉS. — LA RÉSISTANCE DE LA FRANCE. — VRAISEMBLANCE DE LA VICTOIRE FINALE. — LA TENACITÉ NÉCESSAIRE : L'ALLEMAGNE TIENDRA JUSQU'A LA DERNIÈRE EXTRÉMITÉ SUR SES POSITIONS CONQUISES. — L'ÉTAT D'ESPRIT DU PEUPLE ALLEMAND. — FAITS QUI ÉCLAIRENT LA SITUATION. — LES COMMUNIQUÉS ALLEMANDS. — L'ÉPUISEMENT ET L'INÉVITABLE RECUL.

Une solution décisive est nécessaire, et notre devoir est de la chercher sans faiblir. J'examinais plus haut les trois hypothèses qui peuvent se présenter. Notre défaite, celle des Allemands ou l'absence de solution. Une analyse impartiale et complète exige l'examen des trois solutions possibles; il me reste à étudier la dernière, celle de notre victoire.

Je suis persuadé qu'elle dépend de nous, de notre volonté, de notre endurance. Je ne me fais aucune illusion sur notre ennemi, et je ne suis pas tenté de le croire affaibli au point de ne pouvoir plus résister. Je ne pense pas devoir d'un autre côté exagérer ses ressources et sa force, en faire un adversaire invincible. Je voudrais ne raisonner que sur des faits, en déduire les conséquences probables. Les faits précis sont malheureusement peu nombreux, mais ils sont suffisants il me semble pour nous réconforter. Malgré son organisation et sa puissance, l'ennemi a triomphé de nos fautes plus qu'il n'a vaincu par ses mérites.

S'il était tel que nous le voyons quelquefois représenté, la guerre aurait été depuis longtemps terminée, et notre destinée finie. Imaginons un peuple courageux, enthousiaste, fournissant des soldats en nombre immense, munis d'un équipement soigneusement étudié, armés d'une manière excellente, soutenus par une artillerie formidable, ayant canons de campagne et canons de siège d'une puissance inconnue jusqu'alors sur les champs de bataille et d'une telle mobilité que l'artillerie lourde dont les troupes impériales était accompagnée comprenait des pièces de 210, de 280 et de 305 millimètres. Imaginons cette armée innombrable suivie de réserves aussi nombreuses, aussi bien équipées. Plaçons en face d'elle une petite nation, qui n'était pas préparée à la guerre, et une autre nation, la nôtre, qui n'avait tenu aucun compte des avertissements prodigués par ses ambassadeurs, ses attachés militaires, ses écrivains les mieux informés. Une nation si imprévoyante qu'elle n'avait pas de fusils pour ses réserves, pas de canons lourds modernes, pas de munitions suffisantes; qui annonçait bruyamment son intention d'offensive dans les combats et n'avait pas prévu les tranchées et les fils barbelés, ni les milliers de mitrailleuses, ni les engins de la guerre de siège; une nation qui était la proie de l'espionnage adverse après avoir démonté l'organisme qu'elle lui opposait autrefois; une nation qui, malgré les indications les plus claires, n'avait pas prévu l'invasion de la Belgique si souvent prédite; une nation si stupidement confiante, qu'à la veille de la guerre elle ouvrait sa bourse aux Turcs, fournissant à ces ennemis certains le moyen de s'approvisionner en Allemagne avec l'or de la France. Une nation aussi folle ne devait-elle pas être anéantie? N'eût-elle pas mérité de l'être?

Le choc brutal l'a repoussée loin de ses frontières; elle a vu l'ennemi à quelques kilomètres de sa capitale, elle a dû hâtivement transporter ses biens les plus précieux, son gouvernement et son or dans une ville de province. Malgré des défaites, en dépit d'une retraite rapide et démoralisante, cette nation a pourtant arrêté, refoulé l'invasion.

Je comprends ceux qui crient au miracle. Mais c'est un miracle selon la nature; c'est celui qu'opère l'âme d'une nation guerrière qui se réveille et sort de la léthargie où l'avait plongée le poison allemand des Marx et des Lassalle. Les généreux enthousiastes qui croyaient à la paix, à la fraternité des peuples, à la sincérité de leurs coreligionnaires allemands ont été des guerriers aussi courageux que les autres. Ils ont versé sans hésiter leur sang pour défendre leur patrie attaquée sans provocation. Leur âme ancestrale, dirait Gustave Le Bon, s'est dressée contre l'envahisseur, a secoué le rêve au choc brutal de la réalité, s'est retrouvée pareille à celle des soldats de Valmy, de Fleurus, d'Austerlitz et de Iéna. Ils ont été les héros de la Marne, de l'Yser, de l'Argonne, de l'Artois, de la Champagne et de la Meuse.

Le passé d'hier doit nous donner la confiance tranquille et raisonnée de demain. L'effort germanique a été prodigieux. Deux millions d'Allemands se sont rués sur nous, sur les Belges surpris, sur la poignée d'Anglais courageux qui s'étaient joints à nous. Ils ont fait reculer nos armées alliées, pour reculer à leur tour de l'Ourcq aux défilés de l'Argonne. Et plus tard, quand ils ont lancé leurs formidables réserves sur nos troupes, dans les Flandres et l'Artois, ils n'ont pas pu franchir la barrière qui leur était opposée, malgré la supériorité de leur nombre et malgré celle de leur artillerie. Ils ont pendant plus d'un mois précipité leurs bataillons constamment renforcés sur nos lignes; ils n'ont ouvert ni la route de Calais ni celle de Dunkerque. Aujourd'hui, que nos forces sont numériquement supérieures aux leurs, que nos canons valent les leurs, que nos tranchées sont aussi redoutables que les leurs, il est improbable qu'ils puissent réussir. Leur flot impur est arrêté par une digue solide.

J'ignore si nous pourrons le faire retourner vers sa source ; je laisse à de plus compétents que moi le soin de résoudre ce problème militaire ; mais j'ai la persuasion que notre force brisera la leur, si notre volonté ne fléchit pas. Les Allemands pourront multiplier leurs canons et leurs mitrailleuses, creuser des tranchées nouvelles en arrière de leurs tranchées perdues, le jour viendra fatalement où ils devront reculer, revenir vers leur point de départ, s'éloigner de leur frontière envahie, à moins qu'ils ne s'avouent vaincus et ne cherchent par tous les moyens et toutes les soumissions à épargner à leur pays l'horreur prodiguée aux autres. Ils résisteront sur leurs lignes actuelles, qui correspondent à peu près au programme le plus modéré des conquêtes rêvées par les pangermanistes. Ils s'accrocheront désespérément au front qu'ils occupent, car ils ne peuvent reculer sans une humiliation intolérable pour l'orgueil du parti militaire et du suprême Seigneur de la guerre, bien plus sans un péril mortel. Attendons-nous à les voir défendre avec toute leur énergie, toute leur perfidie, toute leur cruauté, les tranchées qu'ils tiennent depuis tant de mois. C'est là que se décidera leur sort.

Ils ne peuvent reculer, car sûrs de la victoire, ils l'ont promise, annoncée, escomptée. Le peuple allemand n'a été informé que de ses victoires, de ses conquêtes : la Belgique, le Nord de la France, la Pologne, la Serbie ; on lui a caché les échecs, la Marne, l'Yser, la Champagne. Il vit dans une illusion qui dure encore. C'est à peine si on commence à lui parler des charges qu'il devra supporter, en attendant la paix glorieuse qui lui est annoncée comme prochaine. Peut-être cette illusion n'est-elle pas partagée par les classes éclairées ; mais celles-ci, pour ne point croire à la victoire de l'Allemagne, ne croient pas à sa défaite, et la jugent impossible. Leur confiance est d'un ordre moins élevé, mais elle est aussi forte. La partie sera nulle, mais les associés paieront les frais.

Le recul de l'armée allemande ébranlerait cette confiance soigneusement entretenue. Il est difficile de connaître exactement l'état d'âme de nos voisins. Les renseignements, même les mauvais, qui nous sont donnés sont sujets à caution. Le gouvernement impérial peut avoir intérêt à exagérer les souffrances de ses ressortissants. L'Allemagne affamée excitera des sympathies ; ses barbaries pourront être représentées comme des représailles justifiées. Il faut nous défier des dépêches allemandes, et même des lettres désolées que nous trouvons sur les prisonniers. Tout cela peut être une manœuvre.

Il faut se contenter de faits plus généraux; le premier à retenir est la rédaction des communiqués allemands, généralement exacts, mais quelquefois mensongers, surtout quand le sort a été contraire aux armes impériales.

L'étude de ces inexactitudes, méthodiques comme toute besogne allemande, révèle, avec une naïveté maladroite, la raison pour laquelle elles ont été imaginées. L'État-major ne veut pas avouer une défaite, tant qu'il peut la dissimuler; la retraite de la Marne a été une manœuvre stratégique, la bataille de Champagne, où les pertes allemandes d'après les calculs méticuleux d'un des meilleurs critiques militaires de la presse neutre ont dépassé 288.000 hommes, a été donnée comme le recul d'une division. Les victoires remportées en Pologne, victoires réelles_et importantes, ont été exagérées. L'armée russe aurait été anéantie, elle était incapable de se ressaisir. Il n'en était pas ainsi en réalité, comme les événements postérieurs au mois d'août 1915 l'ont montré.

Ce besoin de toujours proclamer des victoires, de dissimuler les échecs, d'exagérer les succès, répond à une préoccupation évidente. Le gouvernement impérial ne cherche pas à tromper ses adversaires, qui sont aussi bien renseignés que lui ; il cherche à impressionner les neutres et l'opinion allemande ; celle-ci surtout. Les neutres en effet ont des moyens d'information et de contrôle. Il est certain que le grand État-major germanique ne pouvait espérer leur donner le change. La comparaison des nouvelles données par les adversaires éclairait la situation. Les Français annonçaient une victoire considérable, les Allemands une retraite stratégique de la Marne à l'Aisne; leur défaite n'était pas douteuse.

En réalité, le gouvernement impérial ne songeait pas sérieusement à tromper les neutres, les gouvernements encore moins que les populations; il ne pouvait utilement agir que sur l'opinion allemande; il la maintenait en confiance.

C'est une nécessité. Nous y obéissons nous-mêmes, quoique l'intelligence de quelques-uns de nos procédés ne m'apparaisse pas clairement. Pourquoi ne pas permettre à nos journaux de donner des indications que l'on trouve facilement dans les journaux suisses, anglais, italiens ou espagnols? Après l'exemple que nous donnons, depuis près de deux ans, nous mériterions plus de crédit. Pense-t-on que la lecture d'une nouvelle désagréable nous affectera davantage si nous la lisons dans un journal français? J'en doute, car la nouvelle ne peut être cachée, et tenter de la dissimuler est une imprudence ou un mauvais calcul, un aveu de faiblesse.

J'admets, à cause de la généralité de la règle,

qu'un gouvernement n'avoue pas ses mécomptes, et je ne tirerai de ces observations qu'une conclusion : l'État-major allemand quoique se prétendant victorieux, redoute les vérités défavorables. Pourquoi? Qu'a-t-il à craindre si sa victoire est aussi certaine?

Une seule explication me paraît satisfaisante : il est obligé de soutenir l'opinion allemande, de l'entretenir dans un état de confiance et de sécurité.

L'importance qu'il attache à cette condition, les procédés qu'il emploie, révèlent ses préoccupations. Le gouvernement impérial juge nécessaire de persuader au public allemand que ses troupes sont victorieuses, et le sont plus que la réalité ne le comporte. Il y a donc une crainte, qui est un encouragement pour nous.

C'est pourquoi les chefs de l'armée impériale n'abandonneront leurs positions les plus avancées qu'à la dernière extrémité. Ils ne peuvent faire autrement. Après avoir annoncé tant de victoires, le recul de leurs troupes détruirait la confiance qu'ils tiennent à maintenir.

Mais avec le temps ce recul s'imposera, car une ligne de tranchées, pour parfaite qu'elle soit, ne se défend pas sans une garnison. Et c'est la garnison qui manquera tôt ou tard. J'admets que les armées alliées ne puissent pas forcer les lignes allemandes. Cette admission n'est qu'une hypothèse, la rupture du front ennemi n'est pas impossible ; je choisis cependant l'hypothèse contraire, car elle est la plus favorable à l'ennemi. Même dans ce cas, la diminution de ses effectifs l'obligera à la retraite. Soyons-en convaincus.

Je suppose, bien entendu, que les opérations continueront dans l'avenir comme dans le passé, et que les pertes des Allemands et de leurs associés resteront dans les mêmes proportions. Il est possible qu'elles soient plus fortes si l'état des armées alliées comporte une activité plus agressive. Or, les pertes allemandes sont de 200.000 hommes environ par mois, d'après notre État-major. En dix-huit mois, en choisissant le chiffre le moins élevé, on calcule que l'Allemagne a perdu 3.600.000 hommes, et l'Autriche plus de 3.000.000 de soldats. Si la guerre se prolonge encore un an, c'est à 6.000.000 et à 5.000.000 que leurs pertes s'élèveront. Comment continueront-elles la lutte ? Il faut, réserves comprises, de 3 à 4.000 fusils par kilomètre de tranchées ; il faut des soldats pour surveiller les voies de communications, pour faire le service des garnisons, pour d'autres services encore. Que restera-t-il à nos adversaires ? A peine de quoi garnir un front de mille kilomètres ; celui qu'ils occupent aujourd'hui dépasse le double de cette étendue. Plus la guerre durera, plus les fronts se restreindront.

Nous ne sommes pas exposés au même péril, car la population des principaux États alliés dépasse celle de la Quadruplice allemande dans une proportion supérieure à celle de 2 à 1, sans compter les soldats que l'Angleterre et la France peuvent demander à l'Inde ou aux colonies. Les ressources de l'Entente suffiraient pour maintenir les effectifs encore au complet alors que le nombre des soldats austro-allemands, turcs et bulgares deviendrait insuffisant. Dans de pareilles conditions la victoire définitive n'est qu'une question de temps et de persévérance.

Je ne puis savoir le temps qui sera nécessaire pour amener cet épuisement inévitable ; mais son inéluctabilité me paraît se déduire logiquement de faits que nous connaissons avec certitude.

Il peut se produire des événements qui modifieraient ce jugement relatif aux conditions actuelles. Des accessions comme celles de la Bulgarie, aux forces des Empires centraux ne suffiraient pas à rétablir l'équilibre en leur faveur et ne pourraient que retarder leur ruine en la partageant. Elles auraient un effet contraire si elles se produisaient au profit de l'Entente, et abrégeraient la lutte. Il faut apprécier celle-ci en tenant compte non seulement des forces actuelles des États belligérants, mais aussi de leurs forces potentielles. Celles-ci sont beaucoup plus considérables chez les alliés que chez les autres.

Et il y a des questions moins graves, mais bien importantes encore, qui se résolvent au détriment de l'Empire germanique. L'effort militaire auquel il est contraint l'oblige à défendre ses alliés et lui-même. L'effort financier n'est pas moindre. Le crédit de l'Autriche est très compromis : il paraît

difficile qu'elle puisse trouver beaucoup de ressources pour parer aux dépenses de la guerre. La
Bulgarie et la Turquie ne peuvent le faire qu'aux
dépens de l'Allemagne, colosse dont les épaules
supportent un fardeau écrasant.

Les difficultés financières ne sont pas les seules.
Le blocus maritime est une cause d'affaiblissement
progressif; de ruine économique. Il doit causer
à l'Allemagne de bien vives préoccupations, puisqu'il fait l'objet de ses incessantes réclamations
auprès du gouvernement de Washington.

L'examen des faits généraux que nous pouvons
connaître conduit notre raison vers la certitude du
succès : nous pouvons sans forfanterie maintenant
compter sur la victoire finale ; il nous suffit d'avoir
la ténacité nécessaire. Elle dépend de notre
volonté.

IX

Les difficultés après la victoire.

Nécessité de diminuer la puissance militaire de la Prusse. — Précautions a prendre. — Dangers de l'humanitarisme et de la sentimentalité. — Situation comparée de la France et de l'Allemagne. — La Frontière, sa sécurité. — Le Rhin. — L'accroissement du nombre des contribuables et la diminution relative des charges individuelles. — Annexions ou occupations. — Justification de l'annexion. — L'Annexion n'est cependant pas nécessaire. — Statut des provinces Rhénanes. — L'Allemagne restera une grande nation. — Il faut libérer et moraliser l'esprit germanique. — L'occupation de la rive gauche du Rhin permettrait de le tenter. — Caractère et conditions de cette occupation. — La réparation des dommages.

La victoire ne mettra pas fin à nos difficultés. Elle en laissera subsister, qui seront d'autant plus

sérieuses qu'elle sera moins complète. L'issue de
la guerre, à mesure qu'elle sera plus voisine de l'indécision, nous mettra en présence des périls dont
j'examinais tout à l'heure les plus grands. Nous
devons tenir jusqu'à la décision complète, la seule
qui nous mettra en mesure de dicter la paix dont
nous avons besoin. L'Allemagne voulait, elle aussi,
cette paix nécessaire : le malaise, que ses annexions
de 1870 et sa politique d'armements à outrance
avaient déterminé, ne pouvait guérir que par l'écrasement de la France. Les hommes d'État, les chefs
militaires et les écrivains germaniques ne nous ont
jamais caché leurs intentions. Nous devions être
mis hors d'état de nuire. Nous savons comment :
notre territoire devait subir de nouveaux démem-
brements, notre richesse devait être confisquée,
notre industrie, notre commerce devaient être mis
en coupe réglée.

On peut blâmer l'excès des prétentions allemandes, la brutalité des procédés d'annihilation
recommandés par les écrivains avancés; on ne
peut cependant contester le principe admis par
l'Empire germanique. La condition nécessaire à

l'accomplissement de ses ambitions est la destruction de notre force militaire. Nous ne pouvions exister à l'état de danger permanent pour l'Empire mondial, le *Weltreich* que rêvait d'être la Prusse.

Il est évident que, pour la raison inverse, l'affaiblissement militaire de la Prusse est une nécessité pour nous ; mais notre point de vue est opposé au sien. Nous ne désirions aucune conquête, nous ne rêvions pas l'hégémonie du monde, notre civilisation ne veut pas s'imposer par le fer, le feu et le sang. Nous respectons nos voisins, quelle que soit leur taille et ne souhaitons pas les annexer. Nous considérons que les nations, même les plus faibles, ont des droits égaux aux nôtres, et en premier lieu, celui d'être libres et indépendantes. Nous avons le culte de notre civilisation, de nos arts, de notre littérature, de notre œuvre scientifique, des principes de justice, de générosité, d'humanité qui forment l'essence de notre doctrine politique ; nous admirons les qualités des autres peuples ; la Belgique, la Hollande, la Suisse, les pays Scandinaves, toutes les nations qui ont produit de grands hommes et de belles œuvres.

Mais nous ne devons pas pousser l'amour du prochain jusqu'à l'imprudence, et respecter des principes au risque d'en périr. Nous avons des devoirs stricts envers notre pays, son passé glorieux, son patrimoine matériel et moral, que nous devons transmettre intact ou augmenté à ceux qui nous suivrons. Nous n'avons pas le droit de nous montrer follement généreux à nos dépens et aux leurs. Nous leur sommes redevables d'une dette sacrée : la sécurité et la paix. Il faut que notre civilisation puisse se développer sans craindre d'être détruite par un caprice impérial, que notre liberté et celle de nos enfants ne soit plus à la merci de barbares sans scrupules. Pour cela, des mesures de protection sont nécessaires. Elles sont d'ordres divers, matérielles et morales.

Les précautions matérielles s'étendent à notre sécurité militaire, à nos charges financières, à notre liberté économique.

Avant de les examiner, il convient de poser quelques principes généraux, empruntés à la logique du bons sens. Je les formulerai de la manière suivante :

1° Les mesures à prendre doivent être les plus simples possibles ;

2° Les meilleures seront celles qui établiront immédiatement un état de chose définitif, ne comportant pas d'intervention dans la politique ou l'administration des États étrangers, dans la mesure encore du possible.

L'exemple de Napoléon et de la Prusse de 1806 à 1813 est à retenir ;

3° Si des gages doivent êtré pris, les gages doivent être faciles à garder et à surveiller ;

4° Toute équivoque doit être évitée avec soin.

Notre sécurité doit être notre premier souci. Pour nous rendre compte des mesures nécessaires à la garantir, il faut se rappeler ce que nous savons de l'esprit allemand contemporain, des conditions dans lesquelles il s'est formé, des ambitions qu'il a caressées. Soyons persuadés que la mentalité germanique ne changera pas : il est probable que les Allemands n'auront qu'un désir : celui de prendre leur revanche. Ils retrouveront leur état d'âme de 1806 à 1813.

Il faut nous y attendre, ne pas nous en étonner. L'Empire germanique a fait goûter au peuple allemand la joie de la victoire et de la puissance. Pendant près d'un demi-siècle, l'Allemagne a dicté ses volontés à l'Europe et au monde. Au développement de son influence s'est ajouté celui de son industrie et de son commerce; elle s'est rapidement enrichie, a dominé les transports maritimes, les industries des métaux, de l'optique, des produits chimiques, des instruments de précision. Nous ne saurions sans injustice blâmer les Allemands, s'ils sont vaincus, de regretter leur brillant passé, d'être reconnaissants à l'Empire qui le leur a procuré, de souhaiter le retour de leur ère de gloire et de prospérité. Nous leur avons donné l'exemple de l'attente farouche de la revanche. Ils feront comme nous, quelle que soit la modération de nos exigences. Si nous ne leur reprenons que l'Alsace-Lorraine, ils ne nous pardonneront pas plus que si nous les réduisons davantage. La défaite suffira pour attiser leur désir de revanche. N'ayons aucune illusion sur ce point.

On peut même se demander s'ils comprendraient
la générosité. Beaucoup de penseurs, bien informés des choses et des gens d'Allemagne, sont
convaincus que nos voisins confondraient la générosité et la faiblesse ; dans leur esprit, la perte
de la partie les expose à des risques pareils à ceux
qu'auraient couru leurs adversaires, et la réalisation de ces risques serait le signe, le plus clair
à leurs yeux, de leur défaite. Je ne sais si cette opinion est fondée ; il me suffit pour justifier mon
sentiment, que le désir de vengeance soit un élément certain de la pensée allemande après la
guerre.

Quelle sera notre situation par rapport à l'Allemagne ? Admettons qu'elle n'absorbera pas l'Autriche et demeurera à peu près telle qu'elle est.
Nous devons supposer toutefois que, si les Alliés
peuvent imposer leurs conditions de paix, la
Russie conformément à ses engagements solennels restaurera le royaume de Pologne, réunira
tous les Polonais dans une même patrie. Cela
implique pour la Prusse la perte d'une partie de
son territoire oriental, dont certaines régions sont

habitées par des slaves polonais. Cette perte ne diminuera pas dans des proportions sensibles la population de l'Empire allemand qui atteindra encore plus de 60.000.000 d'habitants.

Nous serons, pendant longtemps encore, dans un état d'infériorité marquée à ce point de vue. Si notre population continue à demeurer stationnaire cette infériorité ne fera que croître. L'Allemagne pourra très rapidement retrouver sa force : nous ne pouvons avoir le même espoir.

Quelle que soit la fidélité de nos Alliés, il peut survenir des circonstances telles, qu'ils ne pourront accourir à notre aide, soit qu'ils aient à soutenir une guerre extérieure, soit qu'ils traversent une grave crise intérieure. Il ne serait pas sage de raisonner de l'avenir comme s'il devait être semblable au présent. C'est le contraire qui est ordinairement vrai. Pour être assurée, notre sécurité doit dépendre de nous-mêmes, non de l'aide d'autrui.

Il y a encore une considération dont la prudence commande de tenir compte. Nous assisterons à de grands changements dans la géographie politique de l'Europe et de l'Asie antérieure. La Russie acquerra des territoires peuplés de Slaves et ce sera justice, elle acquerra une partie importante de l'Asie mineure ; elle acquerra peut-être des régions plus précieuses encore. L'Angleterre n'abandonnera pas la Mésopotamie, la terre fertile où notre histoire est née, elle aura d'autres bénéfices encore. Notre seul avantage serait une restitution ; notre puissance, comparée à celle de nos alliés diminuerait sensiblement. Nous pourrions demander des territoires en Syrie, sans doute. Quelle force nouvelle y trouverions-nous ? N'avons-nous pas assez de territoires à administrer et à mettre en valeur dans notre immense Empire de l'Afrique du Nord ? Ne suffit-il pas à nos capacités ?

Soyons prudents, même vis-à-vis de nos Alliés. N'oublions pas que c'est en somme la France qui a brisé la force germanique dès septembre 1914. Sans la victoire de la Marne, où l'armée anglaise a pris une part glorieuse, mais proportionnée à ses effectifs, la Russie et la Grande-Bretagne eussent succombé. Ayons le sentiment de notre force, de notre valeur, des services rendus : ayons le souci d'être une grande puissance, et conservons la balance des forces, même vis-à-vis d'alliés que nous aimons et dont la loyauté n'est pas suspecte.

Ne justifions pas les prévisions de cet écrivain italien qui dans le classement futur des puissances Européennes n'admet en première ligne que trois États : l'Angleterre, la Russie et l'Allemagne [1].

Pour éviter cette déchéance, l'équilibre doit être maintenu. C'est une vérité qui ne soulève aucune objection, qui se formule à la manière d'un principe général :

Quand deux peuples ont des raisons de croire que les causes d'un conflit à venir survivront à un conflit actuel, le vainqueur doit mettre le vaincu, pour une période la plus longue possible, hors d'état de renouveler ce conflit avec des chances de succès.

Les moyens les plus sûrs pour arriver à ce résultat sont les suivants :

1° S'assurer une frontière facile à défendre, et suffisamment éloignée des parties vitales du pays;

---

1. Rignano : *Les Facteurs de la Guerre et le Problème de la Paix*, Paris, Alcan, 1915, p. 44.

2° Réduire les ressources militaires du vaincu.

Je ne vois qu'une frontière qui soit bien définie ; n'ayant aucune compétence militaire, je ne sais si elle est facile à défendre aujourd'hui. J'ai lieu de le penser, car les fleuves et les rivières ont joué un rôle considérable dans la guerre actuelle. Les plus grandes batailles se sont livrées pour en forcer ou en interdire le passage. La Marne, l'Aisne, l'Yser, la Meuse, la Dunaïetz, la Narew, la Strypa, le Niémen, le Bug, le Dniester, le Sereth, la Dwina. Ces noms de cours d'eau sont aussi des noms de sanglants combats. Les forteresses n'ont pas résisté à l'assaillant, que des cours d'eau fortifiés ont arrêtés. Ce fait a été constant.

Je crois donc qu'un fleuve large, profond, rapide est une frontière facile à défendre. Il constitue une frontière naturelle, en ce sens qu'elle a été tracée par la nature, et divise le sol en régions bien délimitées. Entre la France et l'Allemagne coule un grand fleuve, le Rhin ; c'est une frontière naturelle, et si j'ai bien compris les événements militaires de la guerre, c'est une fron- tière scientifique, facile à défendre, facile à surveiller, répondant sans doute aux exigences techniques.

Le Rhin a servi longtemps de frontière[1]. Il a séparé la Gaule de la Germanie. Plus tard, quand la Gaule a fait partie de l'Empire romain, il a formé la limite Nord-Est du monde civilisé. Les généraux de Rome n'ont pas cherché à conquérir la rive droite de ce fleuve, ou s'ils l'ont tenté, ils n'y ont pas persisté. Les expéditions postérieures à la destruction des régions de Varus ont été des guerres punitives, motivées soit pour châtier la trahison d'Arminius, soit pour réprimer des actes d'hostilité ou de brigandage; mais le monde romain, la civilisation latine, n'ont pas dépassé la rive gauche du Rhin. Moguntiacum, Colonia Agrippina, Augusta Trevirorum, Argentoratum, sont aujourd'hui Mayence, Cologne, Trèves, Strasbourg.

L'invasion germanique confondit les anciennes frontières, mais la configuration du sol tendit à les reconstituer. Le désordre politique du Moyen Age,

1. Franck Chauveau. *La Paix et la Frontière du Rhin.* Paris, Perrin, 1915.

l'enchevêtrement des domaines féodaux et des suzerainetés, marqua la tendance des deux grands pays de l'Est et de l'Ouest à retrouver leurs frontières naturelles, bien que les luttes perpétuelles entre l'Empire germanique et le royaume de France marquât la pérennité du conflit. Il s'est précisé au xviie siècle par l'incorporation de l'Alsace, par la prédominance de l'influence française dans les régions rhénanes ; cette influence, ravivée par la conquête napoléonienne, persistait encore il y a cinquante ans. Le fondement de la rivalité séculaire entre les pays de l'Est et de l'Ouest est la lutte pour le Rhin. La Germanie, toujours âpre et envahissante, le veut tout entier, après l'avoir dépassé elle veut aller plus loin encore, pousser sa frontière jusqu'à l'Océan.

Nos traditions comportent plus de modération et de mesure. Nous demandons au Rhin de nous servir de barrière, de placer son flot rapide entre nous et des voisins dont une expérience vieille de vingt siècles nous a fait connaître l'incurable avidité ; nous ne cherchons qu'une garantie pour notre sécurité constamment menacée. Elle est aujourd'hui plus nécessaire qu'autrefois. Nos voisins de l'Est ont réalisé leur redoutable unité, groupé en un faisceau leurs forces séparées, développé un état d'esprit plus dangereux que l'ancien. Ils sont devenus plus forts, et plus avides du bien d'autrui.

Il y a une autre considération, dont l'importance est grande. Notre capitale est à quelques étapes de la frontière. Elle est exposée à la capture ou à la destruction, si l'ennemi remporte des succès au début de la campagne. Nous en avons fait l'expérience en août 1914. La retraite de nos armées laissait Paris presque sans défense et tout le monde s'attendait à voir les Allemands s'en emparer. Les événements ont montré que la perte de notre capitale aurait eu les conséquences les plus désastreuses pour nos Alliés et pour nous. L'effet moral et politique eût été immense; les ressources prodigieuses de l'agglomération Parisienne eussent été au service de nos ennemis; la possession de cette ville splendide eût été un gage plus précieux que la Belgique entière. Je ne veux pas insister sur une éventualité pareille, que le

Destin nous a épargnée. Elle eût, je le crains, assuré la défaite finale des puissances de l'Entente en décapitant celle qui a supporté, sans faiblir, les plus rudes coups de l'armée allemande. Nous voyons clairement aujourd'hui que sa résistance eût été compromise par l'occupation de la capitale.

Paris est trop près d'une mauvaise frontière. On ne peut déplacer Paris : il faut, pour la protéger, déplacer le seul élément mobile du problème : la frontière. C'est celle-ci qu'il est nécessaire d'éloigner.

La prudence nous recommande de revenir à la tradition romaine, dont la sagesse me paraît évidente.

L'intérêt nous le commande également. Nous n'avons pas à nous préoccuper uniquement de notre sécurité; d'autres soucis, malheureusement, troubleront après la paix notre précaire repos. L'un des plus graves sera la lourdeur de nos charges financières, la diminution de nos capitaux disponibles. Je ne veux pas examiner les mesures politiques ou administratives qu'il conviendra de prendre. Mon étude se limite à l'apect social exté-

rieur de la crise que nous traversons. Pour diminuer nos charges, nous aurons à faire supporter
aux agresseurs vaincus la responsabilité de leur
attentat; il est douteux qu'ils puissent nous indemniser complètement. Nous serons obligés de prendre des mesures particulières, telles que des indemnités en nature, des annuités, peut-être des gages
territoriaux.

La rive gauche du Rhin est un de ces gages, le
plus facile à saisir et à surveiller. Les provinces
transrhénanes de l'Empire sont riches et peuplées.
Elles contribueront à nos charges publiques, et
celles-ci, réparties sur un plus grand nombre de
contribuables, seront moins lourdes pour chacun
d'eux.

Je sais que l'on me fera des objections. On me
reprochera de préconiser une politique d'annexions,
contraire à nos principes. Nous avons protesté
contre les annexions allemandes en 1870, condamné les ambitions territoriales germaniques. Il
serait inadmissible que nous commettions des abus
pareils.

On ajoutera que nous ne pouvons violer la conscience des nationalités ; que nous avons pris les armes pour sa défense, et que nous serions inexcusables de la fouler aux pieds.

Ces arguments ne me touchent guère. En effet la situation de l'Allemagne n'est pas la nôtre : elle a voulu la guerre, elle en supporte toute la responsabilité. Elle a cherché des conquêtes territoriales et de grosses indemnités ; les annexions qu'elle voulait, qu'elle veut encore faire, étaient inspirées par le désir de s'emparer par la violence du bien d'autrui. Elle a commis une faute, dont elle doit réparation.

Nous n'avons provoqué personne ; nous ne cherchions querelle à personne, nous désirions la paix, nous n'étions même pas préparés à la guerre. Notre ennemi s'est rué sur nous. La justice exige qu'il répare les effroyables dommages qu'il a causés volontairement, sciemment. S'il ne peut les réparer par une indemnité pécuniaire, — je ne parle pas, hélas! des morts, ni des infirmités qui ne le sont jamais, mais des dommages matériels — il doit les réparer par des indemnités en nature ; nos annexions seraient faites par application d'un principe d'équité : l'auteur volontaire d'un dommage en doit faire réparation suffisante.

Devons-nous naïvement préférer subir ces pertes, grever nos nationaux, exposer notre pays, nous, nos femmes et nos enfants à des dangers inévitables par respect pour les droits d'une nationalité qui n'a aucun respect pour ceux des autres? Je ne le pense pas. Quand la sécurité de nos frontières algériennes, et l'intérêt de nos concitoyens africains l'ont exigé, nous avons occupé la Tunisie et le Maroc; des nécessités politiques supérieures nous y ont contraints. Aurons-nous plus d'égards pour les Allemands? Ces voisins sont-ils moins dangereux? Sont-ils plus respectables et plus dignes de ménagements? Il suffit de poser la question.

Qu'ils subissent entièrement les conséquences de leur crime; qu'ils souffrent d'une loi proclamée, appliquée par eux. Ce sera justice.

Mais je ne crois pas l'annexion nécessaire. Je n'y vois aucune objection de principe; je suis d'ailleurs plus disposé à tenir compte des faits concrets et réels que des principes abstraits, dont la réalité n'est pas certaine puisqu'ils varient selon les conceptions sociales, éthiques ou politiques de chaque peuple. Il serait au moins singulier que l'Allemagne put profiter de nos principes et des siens en même temps, quoi qu'ils soient contradictoires. Nous ne pourrions pas mieux faire pour l'encourager à recommencer, elle aurait peu à perdre et beaucoup à gagner.

Si l'annexion ne me paraît pas nécessaire c'est que je juge dangereux d'incorporer dans une société des éléments qui refuseraient d'en faire partie. Nous nous exposerions aux difficultés que l'Allemagne a rencontrées en Alsace-Lorraine, au Schleswig, en Pologne, que l'Autriche a trouvées en Bohème et dans les provinces Slaves de son domaine.

Les nécessités dont nous devons tenir compte sont les suivantes :

1° Éloigner Paris, notre capitale, d'une frontière qui en est trop rapprochée. Ne pouvant déplacer Paris, c'est la frontière qu'il faut éloigner;

2° Avoir une frontière naturelle, facile à défendre ;

3° Diminuer la force matérielle d'un ennemi irréconciliable et dangereux en réduisant sa population et l'aire de son recrutement;

4° Diminuer nos charges financières en les répartissant sur un plus grand nombre de contribuables.

Ces exigences nécessaires excluent le maintien du lieu entre les provinces conservées en gage et l'Empire allemand, mais sont compatibles avec une grande autonomie administrative et même politique. Il est impossible d'entrer dans le détail de cette organisation, qui comporterait diverses charges : l'occupation militaire de la frontière et des points stratégiques; l'interdiction du service militaire en Allemagne; la substitution d'une taxe particulière à l'obligation du service militaire dans nos rangs. Il ne conviendrait pas d'imposer cette obligation aux habitants des pays distraits de l'Empire, mais ils devraient contribuer aux impôts.

Ce serait une disjonction plutôt qu'une annexion : cette solution concilierait notre respect des principes et nos devoirs envers nous-mêmes.

Il y a une dernière raison qui m'impressionne beaucoup. Je ne suis pas de ceux qui vouent aux Allemands une haine indistincte, qui prétendent établir une insurmontable barrière entre l'Allemagne et nous, et jugent qu'il suffit d'être un Allemand pour être exclu de toute communion. Ceux qui raisonnent ainsi me paraissent dans l'erreur. Nous n'empêcherons jamais l'Allemagne d'être une grande nation. Elle a de singuliers défauts, et l'influence détestable d'une caste sans valeur morale a exagéré ses défauts naturels; mais nous ferions preuve de légèreté en imaginant que nos Alliés et nous pouvons considérer l'Allemagne comme inexistante. Elle affirmerait sans nous son existence et sa valeur. Tenons-en compte. Ne croyons pas que cette puissante nation pourra être traitée comme une quantité négligeable. Efforçons-nous de connaître nos adversaires et de les apprécier avec intelligence [1].

1. N'attendons pas que l'Allemagne du Sud se sépare de la Prusse. Je crois que la guerre aura resserré les liens de l'Unité allemande. Comment nos ennemis pourront-ils oublier l'époque brillante de leur Empire national de 1870 à 1915? Il se

Je puis exprimer cette opinion avec d'autant plus de liberté que j'ai été de ceux qui, avant la guerre, ont dénoncé la servilité de certains de nos maîtres vis-à-vis de l'Allemagne. J'ai été de ceux qui annonçaient la guerre prochaine préparée par l'Allemagne. Prophétie facile d'ailleurs, car le danger n'était ignoré que de ceux

formera autour de ce demi-siècle une légende comparable à celle de l'Empire français de 1804 à 1812, légende qui sera le ressort futur de l'énergie germanique, de son rêve de revanche et de restitution. Je crains bien que les événements actuels ne soudent entre elles les différentes parties de l'Allemagne, y compris l'Autriche germanique. La nation allemande reviendra à ses espoirs de 1806, la mémoire du passé agrandira l'espérance de l'avenir.

Pourrons-nous isoler la Bavière, la Saxe, le Wurtemberg, les principautés Rhénanes et l'Autriche de la Prusse en combinant des tarifs de douane destinés à faire échec au Zollverein? Je ne puis me prononcer sur ce point. La solution de ce problème dépendra de l'étendue de la victoire alliée, des obstacles que les puissances de l'Entente pourront apporter à l'absorption de l'Autriche, des avantages commerciaux qui seront offerts aux États allemands soustraits à l'Union douanière germanique. Même en cas de succès, nous n'empêcherons pas l'union intellectuelle des Allemands; leur tendance à l'Union effective persistera jusqu'à ce qu'elle soit satisfaite. L'Allemagne, je le répète demeurera une puissance avec laquelle il faudra compter. La seule chose que nous puissions espérer c'est son retour aux idées qui ont fait jadis sa grandeur morale : le respect de la liberté, du droit et de la conscience des hommes. Il faut qu'elle secoue le joug de l'esprit prussien si cela lui est encore possible.

dont les yeux se fermaient volontairement [1].

Je n'invoque mon œuvre passée que pour défendre mon œuvre présente.

L'Allemagne, si elle peut être guérie de l'empoisonnement prussien, reprendra la place qu'elle occupait jadis dans les arts et dans la philosophie. Elle ne fera pas bande à part, abandonnera le sophiste Treitschke pour revenir à Leibnitz et à Kant. Elle jugera la force à sa juste valeur quand elle la subira; mais, alors même que les germains demeureraient fidèles à leur bas idéal éthique d'aujourd'hui, ils conserveraient leurs qualités de chercheurs patients, d'investigateurs méthodiques et coordonnés. Il n'y aura pas de synthèse scien-

1. C'est (le socialisme) un grand danger pour l'Allemagne; elle n'est pas comme nous exposée à de brusques chûtes dans l'abîme ; je redoute qu'elle y glisse méthodiquement, à moins que des diversions ne se produisent, comme la guerre. A bien des signes, on peut penser que l'emploi de ce dérivatif préoccupe les dirigeants allemands. Ce n'est pas un remède, car la guerre ne fera que retarder les événements si elle est heureuse: elle les précipitera dans le cas contraire.

La Psychologie Sociale contemporaine, Paris, Alcan, 1911, p. 345.

« Le Pape ne peut que vouloir du mal à la France dont la politique religieuse l'exaspère; il ne peut vouloir que du bien aux puissances de l'Europe centrale, etc.

Ib. p. 58.

tifique possible si leurs travaux sont ignorés. *Fus est et ab hoste doceri.* Connaissons-les, et apprenons d'eux ce qu'ils peuvent enseigner.

Mais moralisons-les. Il n'y a aucune vanité à prétendre que notre civilisation est moralement supérieure à la leur. J'espère que la légende de notre corruption aura vécu; il était pénible de voir que l'Alllemagne d'Ulrich se faisait notre accusatrice. Toutes ces idées préconçues, cette mauvaise réputation que nous-mêmes avons contribué à nous donner, cette fable de notre décadence sont finies. Notre peuple a montré ce qu'il valait; notre civilisation a proclamé sa fidélité aux principes d'honneur, de justice et d'humanité dont elle a toujours été la servante fidèle. Nous sommes dans le vrai, dans le juste, dans le bon, et nous ne doutons pas de l'objet de notre foi.

Agissons d'accord avec elle. Eclairons des âmes qui ont leur générosité, arrachons-les à de funestes erreurs. Nous ne pouvons songer à moraliser l'Allemagne entière, mais nous pouvons instruire la partie de l'Allemagne que nous occuperons. Il y a parmi les Allemands pris individuellement autant

d'honnêtes gens que chez nous. Leurs états col-
lectifs sont des fautes indépendantes de chacun
d'eux. Si nous sommes convaincus de la vérité de
nos doctrines, nous devons à cette vérité de la pro-
pager, sans violence, sans contrainte par le seul ·
effet de sa séduction propre.

Donnons aux provinces occupées l'occasion de
connaître la liberté, l'indépendance, la valeur de la
dignité humaine, en les leur faisant goûter. S'ils
doivent un jour revenir à l'Allemagne, qu'elles
puissent être nos témoins.

Le système qui à mes préférences ne comporte
en effet ni annexion formelle, ni même occupation
définitive. La main-mise sur une frontière nécessaire dans des conditions déterminées, peut devenir inutile quand d'autres conditions surviennent.
On peut admettre que ces provinces seraient conservées jusqu'au paiement d'une indemnité compen-
satrice; elles pourraient être restituées à l'Allemagne si deux autres conditions étaient en outre
satisfaites. La libération politique de l'Allemagne
du joug absolu des princes de Hohenzollern, serait
la première. Il nous faudra des garanties morales

sérieuses pour que nous fassions remise de nos
garanties matérielles. Le choix des habitants des
provinces serait la seconde. Ils seraient appelés à
se prononcer sur leur restitution à l'Empire germanique; un plébiscite indiquerait leur choix. Il
serait possible, qu'ayant goûté de notre liberté,
ils jugent ses inconvénients moindres que ceux
de l'organisation germanique. N'oublions pas que
le fond de la population des pays à l'Ouest du Rhin
est gaulois, non germain.

Mais, avant de réaliser ces espoirs, songeons
d'abord à nous protéger utilement. Imitons nos
voisins et ne faisons pas de sentimentalité. Met-
tons notre capitale à l'abri de leurs coups, notre
pays à l'abri de leurs attaques. Affaiblissons-les, ou
plutôt mettons-les hors d'état de nous nuire, et con-
traignons-les à réparer le mal qu'ils nous ont fait.

Il me suffit de poser le principe de leur obligation de réparation intégrale. Il y aura plusieurs
moyens d'y arriver, du moins en partie, car ils ne
pourront tout réparer en argent, leur solvabilité
n'est plus assez grande.

Qu'ils réparent tout de même. Les États allemands ont leurs chemins de fer, leurs mines, leurs propriétés privées ; ils possèdent des musées, des collections artistiques, des antiquités. Qu'ils les donnent en gage ou en compensation. Ils dépensaient des sommes considérables pour leur armée et leur marine ; qu'ils consacrent ce budget à payer les dommages causés par leur agression. Notre désir est d'assurer une longue paix. Les alliés espèrent avoir le loisir de réduire leurs armements et les formidables dépenses qu'ils entraînent. Ils ne pourront pas permettre à l'Allemagne de persévérer dans ses mauvaises habitudes et de consacrer à la réparation de ses forces militaires des sommes qu'elle devrait affecter à celle de ses fautes.

Nous avons un moyen de surveiller l'exécution des obligations que nous imposerons ; c'est la reprise immédiate du blocus. Nos flottes, groupées autour de celle de notre alliée britannique, suffira pour prendre les mesures coercives nécessaires ; la suppression de ses transports maritimes nationaux est une éventualité qu'aucune nation ne peut envisager sans crainte.

Nous avons donc le moyen de contraindre l'Allemagne à nous indemniser du mal qu'elle nous a fait volontairement ; au cas où les ressources de ses budgets ne suffiraient pas, ce qui est probable, devrons-nous renoncer à nos créances ou en poursuivre le recouvrement sur les biens individuels des Allemands ?

Je ne vois pas de raison pour respecter la propriété privée en Allemagne, si les propriétés et les revenus publics sont insuffisants. Les Impériaux ont abusé des réquisitions d'une telle manière, qu'il sera juste de leur appliquer les règles qu'ils ont invoquées. On réquisitionnera l'outillage de leurs usines et de leurs fabriques pour réparer les établissements ruinés de Belgique, de Russie, de Serbie et de France.

Tout cela sera juste. Ces exigences seront la conséquence des dommages et des exactions volontairement commis par les armées impériales. Celles-ci n'ont pas respecté la propriété privée de leurs adversaires : il serait injuste de ne pas « réquisitionner », à leur exemple, la propriété privée chez eux pour réparer les dommages causés aux propriétés analogues. J'admettrais que les

réquisitions de ce genre aient l'affectation spéciale
indiquée, comme si les créances privées, d'origine
délictueuse ou quasi-délictueuse, étaient en quelque
sorte privilégiées. Il faut, si l'on veut être juste,
que l'État, auteur du dommage, le répare non seulement sur ses ressources directes, mais encore sur
ses ressources indirectes, c'est-à-dire sur les propriétés de ses nationaux. Il a des droits sur
celles-ci, dont le plus clair est l'impôt. Il a, au cas
de non paiement de l'impôt, le pouvoir de saisir et
de réaliser les propriétés qui en sont grevées.
L'État vainqueur attaqué, créancier de l'État vaincu
agresseur, exerce ses droits. L'État vaincu, pour
payer ses dettes, a l'obligation de réaliser toutes ses
ressources, confiscation comprise. L'Allemagne
a donné l'exemple d'une confiscation partielle de
ce genre quand elle a prélevé, quelque temps
avant la guerre, la contribution extraordinaire que
l'on connaît. Elle n'aura qu'à employer le même
procédé pour satisfaire à des obligations plus
honorables. Si elle ne s'y résout pas, nous le
ferons pour elle.

C'est un principe admis en droit civil depuis

deux mille ans. C'est l'action paulienne des juris-
consultes romains ; c'est celle que consacre
l'art. 1166 du Code civil.

Nous retrouvons ici une application des théories que j'exprimais plus haut : l'extension aux
rapports entre Sociétés des règles admises dans le
droit réglant les rapports entre les individus.
Le principe de la responsabilité des belligérants,
pour tous actes commis par les personnes faisant
partie de leur force armée, en violation du règle-
ment de la conférence de la Haye (1907) sur les
droits et usages de la guerre, a été voté sur la
proposition *de la délégation allemande* [1].

1. Clunet. *Journ. de Droit Intern. privé*, 1908. — *Journ.
Officiel*, 8 décembre 1910.

X

La sociologie criminelle et la guerre.

Résumé des précédents chápitres. — L'État de
guerre ne justifie pas le crime. — Inéluctabilité de la guerre. — Efforts de la civilisation pour en adoucir la cruauté. — Retour
de l'Allemagne aux systèmes archaïques. —
Caractère criminel des méthodes de guerre
prussiennes. — Danger du mauvais exemple
donné par l'État.

J'ai, jusqu'ici, examiné les problèmes de la guerre
actuelle au point de vue de la sociologie générale.
Si j'ai su clairement exposer le résultat de mes
réflexions, j'aurai conduit mon lecteur au point où
je souhaite l'amener. Je m'excuse de reprendre
sommairement cet exposé, mais il me paraît
nécessaire de le représenter d'une manière plus

condensée, plus propre par conséquent à être suivie dans son développement logique.

Nous avons essayé de nous rendre compte des
causes générales de la guerre, et nous avons, pour
cela, étudié la situation sociale de l'Allemagne au
commencement de 1914, et analysé l'évolution
psychologique de cette nation. Cela nous a permis de comprendre pourquoi l'Empire allemand
avait déclaré la guerre, quelles influences l'y
avaient poussé, quelles doctrines perverties
l'avaient amené à la conception de la guerre ter-
rifiante. Nous avons reconnu le vice fondamental
des conceptions germaniques, qui est l'ignorance
des forces spirituelles, le dédain des règles morales, la divinisation de l'État, le culte de la force.
Nous avons comparé les doctrines allemandes au
sujet des rapports des États entre eux avec la
science des rapports des individus entre eux, et vu
que le caractère essentiel des théories germaniques était l'archaïsme. Le système germanique
reproduit dans les relations entre sociétés, un
état depuis longtemps condamné et dépassé dans
les relations entre individus. Or, toutes propor-

tions gardées, les règles morales et le droit ne .
changent pas quand leurs sujets changent, dans
les limites des civilisations considérées. On peut
même dire que les diverses civilisations, à mesure
qu'elles se perfectionnent, tendent à formuler des
règles éthiques semblables. La diversité et la contradiction s'observent surtout dans les civilisations
primitives.

Nous avons pu légitimement et logiquement
condamner comme immorale et barbare ce que
l'Allemagne appelle sa Culture. Nous avons suivi,
dans le conflit apparent des intérêts nationaux en
guerre, le conflit latent de deux types de civilisation. L'un, germanique, ou plutôt prussien, fondé
sur l'idée archaïque de la force, l'autre humain,
fondé sur le droit et la justice. Et nous avons compris la gravité des intérêts spirituels qui se heur-
tent, et la nécessité de la victoire du droit, quel
qu'en soit le prix.

Abandonnant ces idées générales, nous avons
recherché, au point de vue de notre société française, quelles pouvaient être les conséquences de
la guerre. Nous ne pouvons en admettre que deux,

si nous tenons compte des enseignements de l'histoire des Sociétés : notre destruction ou notre victoire. La lutte doit être décisive, non seulement pour assurer l'évolution et le progrès humain, mais pour garantir notre propre avenir. Nous avons vu les précautions qu'il fallait prendre et nous les avons fondées, continuant notre extension du droit national au droit international, sur la responsabilité civile de l'auteur d'un dommage, et sur la mise hors d'état de nuire des individus dangereux.

Mais nous devons aller plus loin. Quittant le domaine de la sociologie générale, nous devons entrer dans celui de la sociologie criminelle et examiner les rapports qu'elle peut avoir avec la guerre. Nous resterons fidèles aux principes que nous avons adoptés, à la méthode que nous avons suivie. Nous rechercherons les limites de la responsabilité individuelle et collective en temps de guerre, et nous examinerons successivement :

1° Si l'état de guerre justifie le crime ;

2° Si le crime n'étant pas justifié il doit être puni. Nous distinguerons une responsabilité collective des sociétés, une responsabilité individuelle des auteurs, complices ou instigateurs de ces crimes ;

3° Si la répression doit avoir le caractère d'une vengeance, de représailles ou d'un acte de justice.

L'état de guerre justifie-t-il le crime ?

Le but de la guerre étant de vaincre l'ennemi, la victoire exige des batailles, qui sont meurtrières. L'essence de la guerre est dans la mort; on n'a pas encore su trouver un autre moyen de vaincre. Des esprits généreux ont depuis longtemps rêvé de substituer des juges aux généraux ; cette idée est encore chimérique. La guerre est un fléau dont nous ne sommes pas près d'être débarrassés. Elle a, il faut le reconnaître, ses avantages, sur lesquels les écrivains allemands ont disserté. Il est certain que c'est une école où l'on apprend à pratiquer de belles vertus : le courage, l'abnégation de soi-même, l'esprit de sacrifice, le mépris de la mort. Mais l'enseignement que donne la guerre est coûteux et ses méthodes sont cruelles.

Les peuples en profitent autant que les individus. Quant une nation est encore assez forte et
assez saine pour supporter sans fléchir le poids
d'une pareille épreuve, et profiter de sa leçon, la
guerre la purifie et la trempe. Rome a pu traverser
les guerres puniques sans être abattue, même
quand Annibal était campé sous ses murs. Huit
siècles plus tard, la guerre était une épreuve sans
compensation pour elle. C'est à la valeur de leurs
gouvernements que s'apprécie la résistance des
peuples, leur santé, leur vitalité, et la valeur des
gouvernements se mesure à leur intelligence, à
leur droiture, à leur prévoyance surtout, car gou-
verner est prévoir.

Malgré les qualités qu'elle peut avoir, la guerre
est un grand malheur : nous sommes en état de le
savoir actuellement. Nous devons chercher à éviter,
dans la limite du possible, le retour d'un pareil
cataclysme : nous devons aussi chercher à l'atté-
nuer.

Ce devoir est d'autant plus pressant pour les
nations civilisées que le développement des arts
industriels a ouvert aux hommes de nouvelles

routes, aériennes et sous-marines. La « Kulturie »
n'a pas tardé à les utiliser pour ses méthodes de
terreur. Elle coule des paquebots chargés de pas-
sagers, donne à ses aéronefs de guerre la mission,
non de combattre un ennemi capable de se
défendre, mais de planer dans la nuit sur les cités
et d'y semer la destruction et la mort dans la
population civile. Quelles seront les cruautés des
guerres futures si les pays honnêtes ne se liguent
pas pour mettre les pays assassins hors d'état de
nuire? La guerre est une mesure des forces oppo-
sées, un duel, non un assassinat. Le progrès a mis
aux mains des belligérants des procédés de ruines,
d'incendies et de massacres tels, que le tribunal
de la paix exigera demain non seulement des
juges, mais des gendarmes.

Il faut que l'humanité puisse continuer son
œuvre moralisatrice, sa marche pénible vers la
justice ; il faut qu'elle continue à tenter d'adoucir
les usages de la guerre, qu'elle ne peut encore
supprimer. Son évolution a été lente et difficile,
car l'armée est l'organisme qui détient la force
d'un pays, et les armées peuvent s'organiser de

manière à dominer une nation. Or, l'armée est un instrument de guerre; la guerre est sa fonction; elle cesserait d'exister si cette fonction devenait inutile.

Dès qu'elle est organisée d'une manière suffisamment indépendante du pouvoir civil pour le soumettre à sa volonté, si elle en a le désir, l'armée constitue un grand danger pour les sociétés, qu'elle expose à la guerre étrangère ou civile. Ce danger se résume dans le *militarisme*. C'est aux excès du militarisme que l'Empire Romain a dû sa décadence rapide du iiie au ive siècle. Les chefs des différentes armées se disputaient l'Empire et combattaient, non ses ennemis, mais les soldats que commandaient leurs rivaux. C'est au militarisme que certaines républiques de l'Amérique doivent leurs révolutions incessantes. C'est au militarisme que l'Allemagne devra sa chute.

L'armée est pourtant nécessaire puisque la guerre est un malheur inévitable dans l'état actuel de l'humanité. Les sociétés ont donc à se tenir à distance convenable du militarisme et du désarmement. Elles ne seraient pas prudentes de devenir

trop fières pour combattre, selon l'intelligente
conception que l'on prête à un politicien des
États-Unis,

Mais l'objet de la guerre peut être atteint de
diverses manières. Pour briser la force de résistance de l'ennemi, il suffit de détruire son armée;
ce résultat peut s'obtenir sans d'inutiles barbaries.
C'est dans ce sens que la civilisation avait évolué
jusqu'à ces derniers temps; le Christianisme a
favorisé cette évolution, conforme à son idéal. Les
guerres, au xviiie siècle, ont ménagé les populations civiles, respecté les œuvres d'art et les monuments, autant que possible.

Frédéric II et Napoléon Ier ont inauguré un
système plus rigoureux; cependant les troupes
françaises ne paraissent pas avoir commis de
cruautés, même en Espagne, où les belligérants
ont exercé les uns contre les autres de fréquentes
représailles. Les récits espagnols, qui attribuent
toutes les destructions d'abbayes ou de châteaux
aux Français sont souvent légendaires.

La Prusse, et l'Allemagne à sa suite, ont développé des doctrines qui sont en opposition com-

plète avec les tendances antérieures. Elles l'ont fait avec la rigueur de l'esprit germanique, auquel manque le sens du relatif. Elles ont pensé que les guerres européennes modernes mettent en présence non plus deux armées ennemies, mais deux peuples ennemis. L'obligation du service militaire entraîne la participation aux combats de toute la population valide mâle d'un pays. Cette condition nouvelle est en réalité le rappel d'un état ancien des choses. Dans l'antiquité, tout citoyen était soldat. Socrate, Démosthène, firent la guerre, de même que tous les citoyens des républiques grecques. Il en était ainsi à Rome, et dans tous les États de l'antiquité.

Cette condition a pour résultat d'associer intimement à la guerre toute la population des pays belligérants ; il n'est personne qui soit à l'abri d'inquiétudes cruelles pour des êtres chers, exposés à des périls plus redoutables que ceux d'autrefois. En même temps, l'armée cessant d'être composée de soldats professionnels, endurcis aux fatigues, habitués aux émotions, familiers avec le danger, est plus accessible aux impressions. Ces considé-

rations, en partie justes, ont conduit les organisa-
teurs de l'armée allemande à imaginer le système
barbare de la guerre par la terreur.

J'ai montré que cette conception était intelligente en apparence, non en réalité. Les Allemands,
s'ils ont le sens du réel, ont dû s'apercevoir que
ni la France, ni l'Angleterre, ni la Russie, n'avaient
été terrorisées. La Belgique, dont ils occupent le
territoire, donne un nouvel exemple de son courage indomptable. Elle ne se soumet pas plus au
gouverneur allemand qu'elle ne s'est soumise au
duc d'Albe. Chaque acte de barbarie commis par
les Impériaux en Angleterre a provoqué une recru-
descence des enrôlements volontaires, et la persis-
tance de la barbarie a réussi à secouer le conser-
vatisme anglais à tel point, que la Grande-Bretagne
a pris des mesures radicales; elle n'avait point
songé à le faire quand Bonaparte la menaçait. La
guerre aux femmes et aux enfants n'a provoqué
chez nous que de la colère et de la résolution.

Les chefs militaires prussiens ont organisé la
guerre en crime collectif. Il faut vraiment avoir
une intelligence bien spéciale, pour croire que

nous tremblerons devant des tueurs d'enfants! Les
Allemands peuvent fêter l'anniversaire de leur
Empereur et de tous les membres de la famille
impériale en envoyant des dirigeables sur notre
capitale ou sur l'Angleterre, ils ne détermineront
aucune faiblesse chez nos civils, aucune démoralisation chez nos soldats. Ils n'ont réussi qu'à provoquer des sentiments dont ils constateront plus
tard les conséquences.

Quelle inintelligence et quelle absence de compréhension des valeurs morales! Réglementer la
guerre de telle manière qu'elle devienne une école
où l'armée apprend à être criminelle, est une conception pleine de dangers pour le pays qui la met
en pratique.

Ce n'est pas impunément que l'État enseigne à
ses sujets de tout subordonner à son triomphe, par
n'importe quel moyen. Cette doctrine se transporte
aisément du général au particulier. L'individu,
invité à ne reculer ni devant le meurtre, ni devant
le pillage, dans l'intérêt collectif, s'habituera facilement à la violence et au vol dans son intérêt particulier. La morale s'est constituée par une lente

évolution de la pensée humaine; les jugements qu'elle porte apparaissent à la conscience sous la forme d'inhibitions, plus rarement de stimulations. Le caractère des unes et des autres est de se manifester sous forme de concepts absolus; la relativité des règles éthiques ne se révèle qu'à un examen attentif, libre de préjugés, mais en même temps convaincu de la valeur de ces règles relatives, qui sont des phénomènes d'adaptation. Tout ce qui tend à diminuer la force coercitive des règles de conduite, tend à la démoralisation. Or, la démoralisation est essentiellement une modification de la valeur des actes, du rapport qu'ils établissent entre l'individu qui les accomplit et les autres individus. Cette modification est ordinairement une exagération de la valeur des intérêts de l'individu considéré, dans les jugements de sa conscience. L'égoïsme est un des éléments générateurs de la criminalité. Le concept de l'État dans la philosophie sociale allemande est une exagération de cet égoïsme, exagération telle qu'elle aboutit à l'indépendance de l'état vis-à-vis de la morale.

L'exemple donné par l'État est de nature à

impressionner l'individu, encore plus sensible à ses intérêts personnels qu'à ceux de la collectivité. Il sera conduit, par une extension naturelle des habitudes acquises, à raisonner en ce qui concerne ses propres intérêts à la manière dont on lui apprend à raisonner relativement aux intérêts de l'État; cette conséquence résultera de l'atteinte portée au caractère absolu que les règles morales présentent dans la pratique de la vie.

Elle est inévitable, quel que soit le fondement sur lequel l'éthique s'appuye. Cela est évident des systèmes religieux; dans les systèmes réalistes ou utilitaires, cela ne l'est pas moins; les règles issues de la pratique de la vie sociale sont également applicables aux individus et aux collectivités, ces dernières faisant fonctions de véritables individus dans leurs rapports avec les autres groupements. L'expérience confirme cette théorie. En effet, l'effort de la civilisation s'est porté vers l'assimilation des sociétés aux individus. Les esprits les plus avancés ont essayé de suppléer au vice fondamental de tout droit international, qui est le manque de sanction, par la création d'un Tribunal international, sanction illusoire dans l'état politique actuel des sociétés. Cette tentative montre le sens dans lequel se dirigeaient les nations civilisées, et l'assimilation faite entre les différents rapports d'individus entre eux ou de sociétés entre elles.

Cette assimilation est une conséquence forcée de l'évolution des doctrines juridiques, de leur généralisation progressive. Dans le cas le plus fréquent, elle procède du simple au complexe : les principes de l'éthique individuelle sont étendus à l'éthique des sociétés, à la morale sociale ou intersociale. Mais elle peut procéder en sens inverse, et déterminer l'affaiblissement de la morale individuelle par le relâchement de celle de l'Etat. La désorganisation a une marche infiniment plus rapide que l'organisation. Elle aboutit à l'émergence d'états de conscience individuels ataviques, latents ; l'organisation tend à l'édification de règles nouvelles pour lesquelles des adaptations sont nécessaires, sans qu'il existe d'habitudes héréditaires anciennes.

XI.

La criminalité individuelle et la guerre.

ÉLÉMENTS DE L'ACTE CRIMINEL. — CRIMINALITÉ ET
DISCIPLINE. — EXCUSES. — EXCEPTIONS. — ORDRES
GÉNÉRAUX ET PARTICULIERS. — LES NÉCESSITÉS
MILITAIRES. — LA PROCÉDURE ET LES PEINES. —
LES SANCTIONS.

Les crimes que je me propose d'examiner seront
les crimes de droit commun. Je n'étudierai pas le
problème de la criminalité des actes commis par
les belligérants en tant que nations. Aucune législation ne codifie les actes des puissances en tant
que collectivités. Il serait difficile, d'ailleurs,
d'apprécier leur culpabilité, dont le problème se
pose en termes de conscience individuelle. Il ne
saurait donc exister de responsabilité pénale proprement dite pour les Nations; leurs obligations

délictuelles ou quasi-délictuelles, c'est-à-dire celles qui résultent d'une faute plus ou moins grave, se résolvent en réparations ou en dommages-intérêts.

Je me bornerai à l'analyse des éléments de la culpabilité individuelle de ceux qui ont ordonné ou exécuté des actes criminels ou délictueux, c'est-à-dire des auteurs, coauteurs et complices.

La méthode la plus sûre est de considérer comme applicables aux faits de guerre les règles pénales en vigueur dans les Etats belligérants en temps de paix. Un crime demeurera un crime, sauf dans des circonstances spéciales au cas de guerre. Ces circonstances seront déterminées par les nécessités de l'état de guerre.

Il ne suffira pas que l'acte soit considéré comme un délit ou un crime dans la législation du pays lésé; il devra l'être également dans la législation du pays auquel son auteur appartient. L'élément intentionnel n'existerait pas si l'agent se conduisait selon les règles auxquelles il est habitué.

Il faut entendre par ces règles celles qui sont applicables dans les rapports entre citoyens, c'est-à-dire celles du droit interne; non des doctrines qu'un Etat déterminé peut professer et faire enseigner au sujet du droit spécial de la guerre. Ceux qui propagent des doctrines capables de provoquer au délit ou au crime en temps de guerre, sont comparables à ceux qui, en temps de paix, provoquent au crime par des doctrines anarchiques. Les auteurs de ces crimes sont tenus pour responsables, malgré leur bonne foi. Celle-ci existe quelquefois, soit que l'enthousiasme altère la clarté du jugement, soit que la docilité affaiblisse les ressorts de la volonté.

Il est logique d'étendre ce principe aux crimes commis en état de guerre, et de faire subir, aux anarchistes internationaux par exemple, le traitement appliqué aux nationaux.

Ce principe soulèverait dans la pratique des difficultés sérieuses. Il faut éviter de gêner la liberté de la pensée; mais on ne saurait faire bénéficier de cette faveur les autorités qui, s'emparant de théories condamnables, les transforment en instructions et en règlements. Si les circonstances permettent de trouver dans ces instructions ou ces règlements, les éléments juridiques d'une provoca-

tion à commettre des crimes ou ceux d'une complicité par instructions données, je pense que la
justice commande de frapper les coupables, quelque haut placés qu'ils soient. L'exemple serait plus
éclatant, et l'équité mieux satisfaite. On ne peut
songer à la responsabilité de ceux qui ont déchaîné
une pareille guerre sans un sentiment d'horreur.
On ne comprendrait pas qu'ils pussent échapper à
un châtiment mérité si leur culpabilité était établie. Ici encore, les difficultés pratiques seraient
grandes et peut-être insurmontables; on ne peut
raisonner à son aise en pareille matière.

Quels seraient les conséquences des ordres ou
instructions donnés à l'égard de ceux qui en
auraient assumé l'exécution.

Les lois de tous les pays civilisés admettent qu'il
n'y a ni crime ni délit lorsque les actes ont été
accomplis en exécution des ordres des autorités
légitimes. Comment peut-on concilier ce principe
avec celui que je viens d'exposer? Les crimes
peuvent avoir été commis par ordre des autorités; le soldat était tenu de les exécuter sous
peine de désobéissance et de punitions graves,

pouvant être quelquefois la peine de mort.

Dans ce cas, il y aura des distinctions à faire. La culpabilité du soldat qui exécute des ordres *formels* et *particuliers* est difficile à admettre ; je pense que l'existence de ces ordres est un fait absolutoire. Le soldat, ou l'inférieur, n'encourra aucune responsabilité pénale.

Des ordres *généraux* n'auront pas les mêmes conséquences, à moins qu'ils ne soient précis et formels. Par exemple, l'ordre de passer par les armes tout civil porteur d'un fusil ou d'un revolver peut être considéré comme un ordre général, précis et formel. Celui de traiter avec sévérité les civils armés ne serait pas une excuse suffisante, car la sévérité n'implique pas le dernier supplice. On ne peut entrer dans l'examen des cas particuliers, quelquefois difficiles, que pourrait soulever l'application du principe ci-dessus indiqué. Ce sont des questions de fait laissées à l'appréciation du juge.

Une seconde distinction est encore nécessaire. L'armée comprend des chefs hiérarchisés, depuis le commandant suprême jusqu'aux sergents et aux caporaux. Les ordres donnés à des inférieurs obligent ces derniers, particulièrement les soldats, les sous-officiers, les officiers subalternes. Mais, à mesure qu'ils occupent un grade plus élevé, l'indépendance des officiers augmente. Cela est particulièrement vrai des généraux, ou des chefs d'armées. Ceux-ci ne sont pas tenus à la même obéissance que les militaires non gradés ou ayant des grades inférieurs. Ils doivent protester contre des ordres iniques et criminels, et ne les exécuter, si leur conscience s'y accommode, qu'après avoir formulé leurs représentations. Par exemple, l'ordre de détruire un monument historique sans nécessité, celui de ne pas faire de prisonniers ou de violer les règles et coutumes de la guerre, justifieraient de telles représentations.

En n'exigeant pas ces réserves de subordonnés moins élevés en grade, le système que je propose est plus favorable à la discipline qu'à l'humanité.

Telles sont les règles générales qui pourront guider les justiciers: elles sont une simple extension des principes du droit individuel au droit *intersocial*, si je puis employer cette expression.

La règle de laquelle je m'inspire est celle dont notre Droit pénal donne la formule : il n'y a ni crime ni délit lorsque l'action est ordonnée par une *autorité légitime*. L'analyse de cette règle, en équité, conduit à considérer, vis-à-vis de leurs subordonnés, les autorités qui ordonnent l'action criminelle comme des autorités légitimes ; les ordres ne sauraient en être discutés.

Leur existence constitue au profit des subordonnés ce qu'en termes juridiques on appelle une *exception* ; elle est soumise aux principes qui régissent les exceptions ; quant aux infractions commises par des auteurs n'appartenant pas à l'armée dont les autorités donnent les ordres criminels, la seule excuse qui puisse leur être appliquée est la *contrainte*, conformément aux principes admis en droit criminel.

Les autorités assument dans ces divers cas (ordres ou contrainte) la responsabilité pénale exclusive des crimes commis. Mais nous avons admis que certaines nécessités de la guerre pouvaient exiger que ces actes fussent accomplis : par exemple la destruction d'un monument public, ou l'exécution d'un citoyen. Comment apprécier l'existence de ces nécessités ?

Ici encore des distinctions doivent être faites : une première observation permettra d'exclure toute idée de nécessité, dans le cas où les exigences militaires seront appréciées contradictoirement par l'autorité d'un pays quelconque. Par exemple, les règlements d'une nation prescrivent : 1° de fusiller tous les civils ennemis qui résistent à l'invasion, dans le cas où l'envahisseur est l'armée de cette nation ; 2° à tous les civils de cette même nation de résister par tous les moyens à l'invasion de l'ennemi.

Ces prescriptions contradictoires font à l'ennemi un crime de ce qu'elles ordonnent comme un devoir aux citoyens. Cela exclue toute bonne foi dans la conception et l'exécution de pareils règlements. L'idée supérieure de justice domine complètement la matière ; la nécessité de la guerre ne saurait être invoquée au profit d'un seul pays ; cela revient à faire de l'acte considéré un crime quand il nuit, une vertu quand il profite à l'Etat. Ce point de vue ne saurait être admis si l'on veut arriver à la formation d'un droit de la guerre : il en est la négation.

Le caractère de nécessité de l'acte dépend de circonstances qui seront les mêmes pour tous les pays, qui pourront être invoquées par n'importe lequel des belligérants, non par un seul d'entre eux et selon son intérêt. C'est un de ces principes pour lesquels nous combattons avec nos alliés.

L'appréciation de l'excuse de nécessité ne sera pas laissée aux autorités incriminées ; il sera également difficile de la laisser aux autorités du pays lésé ; il ne sera probablement pas moins difficile de constituer un tribunal où siègeraient des neutres. Malgré les difficultés pratiques que l'application de la règle ci-dessus exposée me paraît devoir rencontrer, je la crois nécessaire ; dans l'intérêt de la justice et de la civilisation, les soi-disant nécessités de la guerre ne doivent pas justifier tous les crimes et tous les abus. S'il est impossible d'associer les puissances neutres à cette œuvre de justice internationale, les puissances alliées ne doivent pas hésiter à l'entreprendre si elles sont victorieuses. Elles trouveront dans leurs armées et dans leurs magistratures des hommes suffisamment impartiaux pour ne s'inspirer que de la justice et du droit.

Cette question se rattache à la procédure : il me paraîtrait plus digne de notre civilisation d'organiser, par une législation spéciale commune aux alliés, les Tribunaux et la procédure, et d'y associer des puissances non belligérantes et des représentants de la puissance dont les sujets seraient poursuivis. Ces conditions seraient d'une réalisation improbable, mais les puissances alliées seraient fidèles à leur idéal en les proposant.

Les peines applicables seraient celles des législations du pays lésé — si le crime est commis sur son territoire — ou du pays responsable. La violation du territoire ne fait pas disparaître la souveraineté du pays envahi, et ne constitue vis-à-vis de lui qu'un acte de force sans conséquences juridiques[1].

Je souhaite que l'on puisse se convaincre de la nécessité d'appliquer des sanctions aux crimes commis en état de guerre. Il n'y a pas de droit pénal sans sanction. L'effort immense que la civi-

1. Voy. la proposition de loi de M. Flandin et l'article de M. Walschinger, *Journal des Débats*, 30 mai 1916.

lisation s'impose pour assurer le progrès humain et opposer une barrière à l'invasion d'un nouveau genre de barbarie plus redoutable que l'ancienne, demeurera insuffisant, deviendra peut-être stérile, si les champions de la justice et du droit ne se conduisent pas d'une manière conforme à leurs principes et à leur devoir. S'il est exact que leurs adversaires aient commis les crimes dont ils sont accusés, la justice réclame d'être satisfaite avec plus de force encore que les victimes d'être vengées.

XII

La criminalité collective.

Enseignements de la guerre actuelle. — Préméditation, agression, criminalité. — Solidarité entre la nation allemande et ses chefs. — La nécessité morale des sanctions collectives. — Représailles. — Responsabilité collective. — Un pays, même respectueux du droit, doit être fort. — La natalité. — Indications économiques. — Force absolue et relative. — La diminution nécessaire de la force allemande.

Ces juges, cette procédure, ces sanctions ne concernent que les crimes individuels, ceux que punit la loi pénale. Mais dans les conflits internationaux de la nature de celui qui déchire l'Europe aujourd'hui, il y a une autre espèce de crime qui comporte une autre espèce de sanction. Je veux parler de la participation collective d'une nation à une guerre d'agression, de convoitise, de malhonnêteté sociale.

La guerre actuelle semble offrir justement un exemple de cette culpabilité collective, si l'on en juge par les documents publiés par toutes les parties en cause.

Y avait-il une nécessité quelconque à déclarer la guerre? Résumons les principaux faits que nous connaissons.

L'Allemagne avait pris la résolution de combattre ses voisins. Elle a, deux ans avant la guerre, prélevé sur ses contribuables un impôt formidable. Elle a poussé ses préparatifs avec toute l'énergie dont elle est capable.

Un assassin, d'origine slave, commet un crime abominable; il tue l'archiduc héritier d'Autriche et sa femme. L'Autriche en profite pour adresser à la Serbie une note menaçante, insolente, exigeant des soumissions incompatibles avec la souveraineté de cet État. Sur les conseils de la France, de l'Angleterre, de la Russie, la Serbie les accepte presque intégralement, propose de soumettre le litige au Tribunal International de la Haye. L'Autriche refuse tout délai, toute concession. Son armée était mobilisée depuis quelque temps ; la Russie mobilise à son tour une partie de ses contingents. L'Allemagne, qui prétendait faussement avoir ignoré le texte de la note autrichienne à la Serbie, se prétend impuissante à obtenir de son alliée la moindre concession, et en même temps l'excite à aller jusqu'au bout. Au dernier moment le gouvernement Austro-Hongrois paraît avoir été disposé à accepter les propositions de l'Angleterre et à chercher un terrain d'entente; l'Allemagne somme aussitôt la Russie de démobiliser son armée, et continue sa propre mobilisation commencée en secret; la Russie fait des difficultés, l'Allemagne lui envoie un ultimatum; elle nous somme de déclarer que nous manquerons à nos engagements solennels à l'égard des Russes en demeurant neutres, et au vu de notre mobilisation nous déclare la guerre. Contrairement aux traités garantis par elle, elle viole la neutralité belge et celle du Luxembourg.

Elle n'essaye pas de se justifier d'abord : ce

n'est que plus tard, quand la victoire foudroyante espérée ne s'est point réalisée, qu'elle a imaginé de se justifier aux dépens de la bonne foi belge, en inventant des conventions inexistantes et en produisant maladroitement des documents démontrant sa déloyauté.

Les ordres donnés à divers commandants d'unités navales, un grand nombre d'autres faits particuliers donnent à penser que depuis plusieurs mois l'Allemagne comptait déclarer la guerre à peu près à la date où elle a été effectivement déclarée.

Ces circonstances établissent :

    1° La préméditation ;

    2° L'agression ;

    3° La mauvaise foi.

Dans ses procédés de guerre, l'Allemagne est accusée d'avoir commis de graves excès. La conduite en Belgique et en France de ses armées a été souvent abominable. Ses chefs militaires, ont ordonné des exécutions injustifiables, barbares ; ils ont abusé des réquisitions de manière à les transformer en véritable pillage. Enfin, le bombardement de villes ouvertes, le torpillage de paquebots ont été des crimes sans excuse et sans utilité.

Ce caractère cruel et barbare de la guerre n'est pas dû à des nécessités imprévues : il est l'application d'un système de terreur méthodique, enseigné, recommandé, prescrit par les écrivains militaires et le grand Etat-major germanique. Les excès sont donc :

1° Prémédités ;

2° Systématiquement prescrits.

Par conséquent, la guerre que nous subissons, et que nous avons cherché à éviter par tant de concessions inutiles au Maroc et au Congo, nous a été imposée par un agresseur préparé depuis longtemps à nous attaquer : elle est injuste, barbare, cruelle, déloyale.

Nous en connaissons le but : notre destruction en tant que puissance militaire. L'Allemagne, par la voix de ses orateurs et la plume de ses écrivains, par la bouche de ses princes, par les délibérations de ses Sociétés les plus influentes, agricoles, industrielles, savantes, nous a fait connaître ses prétentions. La Belgique, le Nord de la France devaient être annexés à l'Empire. Une indemnité colossale devait nous être imposée ; des conditions économiques draconiennes devaient nous mettre à la merci des vainqueurs.

Y a-t-il une distinction à faire entre les chefs du gouvernement et la nation allemande? Je ne sais rien qui l'autorise. La guerre a été accueillie avec enthousiasme en Allemagne et la population entière a injurié, outragé nos nationaux et nos alliés; les ambassadeurs eux-mêmes ont été traités avec indignité, par les gouvernements et par la population, du moins en Allemagne. Nos soldats prisonniers ont été l'objet d'insultes, de grossièretés, d'avanies, de mauvais traitements dont la réalité est attestée par de nombreux témoignages.

Les représentants de la science germanique ont associé leur responsabilité à celle de leur gouvernement en signant le manifeste dit des « Kultur-krieger » où ils montrent une ignorance complète des faits établis avec la plus limpide clarté.

Le torpillage des paquebots, les raids de zeppelins et d'avions, le bombardement de villes pour tuer des civils, tous ces actes qui réjouissent la

barbarie allemande, leur *Schadenfreude,* ont obtenu
l'approbation de la population, de la presse et du
Parlement. Dans son ensemble la Nation s'est soli-
darisée avec son gouvernement.

Je ne veux pas dire qu'il n'y ait pas d'exceptions.
Il y en a eu quelques-unes, et nous pouvons
malheureusement les compter ; malgré leur petit
nombre, je suis de ceux qui croient au relèvement
moral de l'Allemagne. Il y a dans ce peuple de
grandes vertus : les enfants ne sont pas tous des
Germains prussifiés. A côté des barbares, il y a des
civilisés ; il y a les descendants de ceux qui depuis
le viiie siècle sont associés à notre civilisation. J'ai
l'espoir que l'abaissement de la Prusse sera le
signal de leur relèvement.

Mais ils sont, en ce moment, une minorité. Peut-
être sont-ils nombreux, et ont-ils hurlé avec les
loups, de peur de paraître des tièdes ou des sus-
pects, chose dangereuse en Prusse. Mais ils ont
pêché par omission, et engagé leur responsabilité morale ; car il y a des actes qu'ils ne pouvaient excuser, tels que la violation des neutralités Belge et Luxembourgeoise. Cette der-

nière a été violée sans aucune espèce d'excuse.

Il y a donc une solidarité certaine entre l'Allemagne, en tant que collectivité, et son gouvernement. Elle s'est associée aux actes malhonnêtes, criminels même, de celui-ci. Le peuple allemand encourt une responsabilité comparable à celle de l'État allemand.

Ce n'est pas une responsabilité pénale comme celle des criminels individuels, mais une responsabilité collective, justifiant des sanctions applicables à l'Allemagne. Ces sanctions me paraissent le corollaire des principes que je voudrais voir étendre du droit national au droit international. La faute de l'Allemagne une fois établie, des dommages-intérêts et des garanties peuvent être légitimement exigées d'elles. Aucune nation n'est autorisée à se montrer généreuse à l'égard d'un agresseur vaincu, dont la mauvaise foi et la cupidité sont démontrées, dont les intentions de recommencer la guerre à la première occasion favorable sont avouées. La générosité de l'heure présente engagerait gravement l'avenir de nos enfants ; nous n'avons pas le droit de le faire.

L'examen de la responsabilité de l'Etat et du peuple allemand au point de vue de la Justice pénale idéale nous conduit aux mêmes conclusions que l'examen de leur responsabilité au point de vue du droit civil à établir entre les nations. Non seulement l'Allemagne doit des réparations comme auteur volontaire d'un dommage, mais elle les doit, et d'une manière plus ample encore, à titre de sanction.

Il y a dans le principe de la sanction, un élément pénal, qui justifie l'extension des obligations de l'État agresseur de mauvaise foi. Il ne suffit pas de réparer les dommages ; il faut encore donner à la nation lésée des garanties assurant à l'avenir une bonne conduite. Si l'expérience, confirmant les théories soutenues et mises en pratique par les autorités d'un pays, ne permet pas d'avoir confiance dans des promesses, des conventions ou des traités consentis par ce pays, les garanties doivent être indépendantes de la bonne volonté et de la bonne foi de ce débiteur douteux. En un mot, il faut substituer à des garanties, comparables à des engagements personnels, des garanties comparables à des droits réels.

L'une des plus sérieuses est l'occupation d'une partie du territoire de l'agresseur dont la bonne foi est suspecte.

Je ne me fais pas d'illusions sur la valeur pratique de ces considérations d'ordre théorique. On pourra les contester, et dire que ce sont des prétextes, non des raisons. Je reconnais que ces considérations ne valent que dans la mesure où la force peut les appuyer. Mais je pense qu'elles ont un fondement dans les principes du droit, principes que la conscience humaine a lentement dégagés de la barbarie primitive.

Peut-on considérer comme des sanctions, l'exercice des représailles? J'hésite à en examiner la valeur au point de vue de la philosophie sociale, car elles constituent des mesures d'une nature particulière, qui n'ont pas de rapports avec la justice et le droit proprement dits. Leur application est un acte du gouvernement ou des autorités militaires; l'objet des représailles est soit d'empêcher l'ennemi de continuer certaines pratiques condamnables, soit de ne pas lui laisser prendre déloyalement un avantage militaire par l'emploi de

procédés de combat interdits. Aucune difficulté
ne peut exister sur le second point, qui doit être
résolu techniquement par l'autorité compétente.
Il en existe sur le premier. Serons-nous autorisés
à bombarder des villes ouvertes, à répondre à des
barbaries par d'autres barbaries. En principe, on
devrait adopter la négative; malheureusement,
les prescriptions du *Kriegsbrauch im Landskriege*
compliquent le problème, car les autorités militaires germaniques semblent n'admettre, comme
frein à toutes les conceptions de terreur utile,
que la seule crainte des représailles. Dans ces
conditions, il est évident que les représailles
doivent être exercées si elles peuvent contribuer à
réfréner les excès. On se trouve dans un cas ana-
logue à celui de la légitime défense.

En définitive, c'est pour donner aux principes,
dans le domaine de la réalité, la valeur qu'ils ont
dans celui de la théorie, qu'il convient aux nations
justes d'être aussi des nations fortes. Dans le cas
contraire, les forts, même injustes, auraient toujours la meilleure raison.

L'ordre dans une Société dépend de la force,

mise au service du droit et de la justice. Il doit en être de même dans une Société de sociétés. Il ne peut y avoir de véritable justice et de droit dans les rapports internationaux, s'il n'y a pas de force pour en assurer le respect.

Dans l'État actuel des sociétés humaines, les nations les plus respectueuses du droit ne doivent compter que sur elles-mêmes, si elles veulent vivre en paix avec leurs voisins. L'entretien de leur force est la condition fondamentale de leur existence, la base sur laquelle l'édifice de la justice et du droit entre nations pourra s'élever un jour.

Il y a, malheureusement, un élément de faiblesse dans la situation de la France. C'est la décroissance de la natalité. Je ne sais si la guerre ouvrira nos yeux au péril qui nous menace. Je le souhaite; mais si le salut doit nous venir par la fécondité de notre race, l'effet de notre conversion ne se produira pas avant un quart de siècle. D'ici là, nous serons très affaiblis; nos classes atteignent à peine la moitié des classes dont dispose l'armée allemande. L'accession au noyau allemand des éléments germaniques ou progermaniques est à

craindre : elle amènera la formation d'un groupe
compact de quatre-vingt millions d'êtres humains,
dont la puissance sera formidable. Ce groupe
tiendra l'Europe à sa merci, si nous ne prenons
pas nos précautions.

La première est de nous fortifier, non par des
ouvrages d'art et des murailles de Chine, mais par
des remparts vivants. Il est urgent que nous ayons
des enfants, beaucoup d'enfants; ils sont les
pierres de ce rempart. Ce ne sera pas la loi qui
nous obligera à faire des enfants [1], ce sera notre
conscience, le sentiment de notre devoir moral
vis-à-vis de notre pays et de notre race. Une révolution morale est nécessaire, urgente. Je m'inquiè-
terais peu que les enfants soient légitimes ou non,
pourvu qu'ils fussent nombreux, très nombreux,
sains et vigoureux. J'accepterais la légitimation
du concubinat, j'accepterais même la polygamie —
qui existe en fait d'ailleurs — si cela devait multiplier nos enfants. Protégeons enfin ces enfants,
quels qu'ils soient, contre la négligence ou

1. L'expérience a été inutilement faite par la législation
romaine.

l'abandon de leur père, quel qu'il soit encore.

J'associerais à notre vie nationale, dans la mesure où cela serait possible, nos concitoyens arabes, indo-chinois, nègres. Je développerais, avec la prudence qui convient, le recrutement de nos soldats d'outre-France. Nous arriverions à posséder une population totale de 80 à 90 millions d'habitants, qui compenserait en partie l'infériorité de notre nombre métropolitain.

Je ne saurais examiner les conditions économiques nécessaires pour favoriser l'accroissement de notre population : leur objet devrait être de développer notre industrie, notre agriculture, notre commerce. Notre situation géographique est une des plus heureuses de l'Europe, et même du monde; notre territoire est fertile; la France peut sans difficulté nourrir une population de 60.000.000 d'âmes.

Pour développer notre industrie, il est indispensable de dépenser nos ressources chez nous, au lieu de les prêter aux nations étrangères. Imitons sur ce point l'Allemagne. Nous n'avons pas autant de charbon qu'elle, mais nous sommes plus largement pourvus d'énergie hydraulique, de houille blanche. Utilisons cette richesse.

Surveillons les rapports du capital et du travail, qui ne peuvent vivre l'un sans l'autre. Donnons à l'un la sécurité, qui favorise la hardiesse et l'entreprise ; protégeons l'autre contre le chômage, les accidents, les soucis de la vieillesse ; mais ne diminuons pas la valeur de nos producteurs de travail en prenant comme mesure ceux qui produisent le moins comme qualité et quantité. L'équité veut que le mérite d'un ouvrier s'apprécie, non selon ses besoins, mais selon la qualité de son œuvre.

Étudions enfin le développement de nos transports, de nos voies et moyens de communication. Je crains bien que notre système centripète ne soit très fâcheux au point de vue de nos relations internationales. Le réseau des chemins de fer de Paris à Lyon et à la Méditerranée paraît à beaucoup de personnes une barrière opposée au mouvement des marchandises dans le sens Est-Ouest ; barrière plus difficile à franchir que les Alpes. Reprenons sur ce point encore la vieille politique

Romaine, et créons des voies transversales, courtes, rapides, économiques entre l'Europe centrale et nos ports de l'Atlantique. Ils s'ouvrent en face de l'Amérique, dont l'avenir est immense.

Ne négligeons aucun moyen pour développer notre force propre, en hommes, en ressources financières, économiques, industrielles. L'Allemagne nous a donné un exemple dont nous pouvons nous inspirer sans le copier. Le développement de nos forces absolues est nécessaire, car un jour peut-être nous serons entraînés au combat sans alliés. Au surplus si nous voulons être écoutés et respectés, il faut, — et il suffit peut-être — que notre force soit connue.

Je parle de nos forces absolues, celles qui constituent notre puissance nationale. Mais l'appréciation des forces d'un pays est relative, car la valeur ne s'en établit que par comparaison, et une force qui croît n'a pas plus de valeur qu'une force dont les opposantes décroissent. C'est justement la préoccupation de la stagnation de notre force qui me détermine à juger nécessaire de diminuer celle de nos ennemis.

On peut se demander comment il sera possible de la diminuer. J'ai déjà indiqué le moyen qui me paraît le plus efficace : c'est de réduire l'aire du recrutement germanique, d'établir une frontière plus forte, de mettre notre capitale à une plus grande distance de l'ennemi.

Il sera peut-être nécessaire de prendre d'autres mesures ; de limiter les effectifs, d'imposer une réduction des armements, de soumettre à certaines conditions la fabrication des explosifs et des armes de guerre chez nos ennemis. Ce sont là des problèmes qui regardent la politique plus que la sociologie.

Il en est de même des moyens propres à maintenir les Empires germaniques et leurs alliés dans le respect des conditions qui leur seront imposées. Sur ce point, je ne vois aucune difficulté sérieuse, si nos Alliés et nous demeurons unis et résolus. Je ne partage pas l'avis du Dr Gustave Le Bon, qui prévoit une série de guerres tous les dix ou vingt ans, guerres où l'Europe sombrerait. Il existe en effet un moyen efficace : le blocus. L'arrêt des transports maritimes obligerait l'Allemagne et ses alliés à tenir leurs engagements. Ce procédé serait d'autant plus rapide que des précautions plus complètes auraient été prises pour empêcher le réarmement des puissances germaniques. C'est la nature et l'étendue de ces dernières précautions qui me paraissent délicates à déterminer, de même que la surveillance de leur application me semble difficile.

Le blocus, sans exposer les puissances alliées à une guerre comparable à celle qui bouleverse aujourd'hui l'Europe, suffirait au maintien du futur traité de paix.

Mais il suppose la coopération des puissances actuellement alliées dans l'avenir comme dans le présent. Je souhaite, j'espère dans l'intérêt de la civilisation, de la paix, de la justice que leur union sera durable et qu'elles donneront encore l'exemple du respect pour la liberté et le droit.

CONCLUSIONS

Il est utile de résumer les principales idées que ce petit livre a pour objet de soumettre au lecteur. La première partie rappelle ce que nous savons de notre adversaire ; nous avons essayé de nous rendre compte des raisons pour lesquelles il a déclaré une guerre abominable, longuement préparée. La préparation à la guerre, à la spoliation, à la conquête brutale est l'essence de l'idée prussienne, incarnée dans l'Empire germanique. Pour la rendre efficace, la Prusse a développé un état d'esprit particulier dans le peuple allemand, consacrant à la réalisation de ce but toutes les ressources d'un gouvernement affranchi de contrôle, habitué à se faire obéir, peu scrupuleux sur le choix des moyens. L'État allemand est devenu une sorte de Dyonisiaque à la façon de Nietzsche. Il est amoral, ou plutôt n'a qu'un devoir moral : l'affirmation et le développement de sa puissance. Ce devoir est impératif et aucune règle morale ne peut le faire fléchir. L'Allemagne a cultivé sa force, et s'est militarisée.

Cette conception n'est en réalité que celle de la force matérielle comme fondement du droit international. Elle est en opposition avec les tendances de la civilisation Européenne qui, depuis vingt siècles cherche à étendre, au droit entre les nations, les principes de justice et d'équité admis, à la suite d'une longue expérience, dans le droit réglant les rapports entre les individus. La conception allemande est archaïque et correspond à un stade de civilisation inférieur au point de vue de l'éthique sociale.

La guerre actuelle tire son importance et sa signification du conflit entre les principes régressifs de la civilisation germanique et les principes de progrès. Elle est comparable aux plus grandes convulsions de l'humanité ; son enjeu est non seulement notre existence nationale, mais encore l'avenir même de la civilisation. Il ne faut pas que les Germains rejettent le monde méditerranéen dans la nuit, comme ils l'ont fait au v⁰ siècle ; il ne faut pas qu'ils rétablissent à leur profit la tyrannie et la servitude. Nous luttons encore pour la liberté.

Il est nécessaire de lutter jusqu'au bout ; de périr dans le combat plutôt que de courber la tête et de nous laisser dépouiller, comme des gens sans cœur. La défaite est heureusement aujourd'hui peu probable ; la victoire nous appartiendra pourvu que nous soyons fermes.

Cette victoire nous coûtera très cher : elle nous laissera dans un état d'épuisement ; mais seule elle nous permettra de refaire nos forces, de nous mettre à l'abri d'une nouvelle guerre, inévitable si les adversaires conservent après celle-ci leur situation antérieure.

Notre salut ne peut être assuré que par le développement absolu et relatif de nos forces. Le premier point ne peut être obtenu que par l'augmentation de la natalité ; le second doit faire l'objet des conditions de paix. Il est nécessaire :

1° De faire payer à l'Allemagne et à ses alliés les dommages causés par eux. Ce payement sera difficile d'ailleurs. Il conviendra de s'indemniser le cas échéant aux dépens de la propriété privée germanique.

2° Pour diminuer nos charges, il faut augmenter le nombre de nos contribuables par des rétentions de gages territoriaux ; il n'est pas nécessaire d'annexer ces territoires ; il suffira de les occuper et de les faire contribuer à nos impôts.

3° En tous cas, l'occupation d'une frontière naturelle, suffisamment éloignée de notre capitale, est une mesure prudente, tant que l'esprit de l'Allemagne n'aura pas changé. La rive gauche du Rhin satisfait aux exigences de notre sécurité. Il faut soustraire au recrutement et à l'influence germaniques les provinces rhénanes organisées en *État tampon*, occupé et protégé par nous jusqu'à la liquidation des charges de la guerre, et à l'obtention d'autres sécurités. Notre influence, au surplus, pourra moraliser les populations dont les territoires seront occupés et, par elles, le reste de la Germanie.

Enfin, nous avons vu que la Justice au nom de laquelle nous combattons ne sera pas satisfaite si les crimes commis par les Allemands n'étaient pas punis. Ces crimes sont explicitement ordonnés par l'autorité militaire supérieure et font partie d'un atroce système de terreur. Il faut l'anéantir et en châtier les propagateurs.

Il y a deux criminalités : celle des individus qui comporte des peines véritables, et celle des nations qui comporte des sanctions d'ordre général, telles que les indemnités, les confiscations, les pertes de territoire.

La nécessité de la légitime défense de notre pays et de notre civilisation exige que de minutieuses précautions soient prises contre l'Allemagne. Nous commettrions une erreur irréparable en escomptant naïvement sa gratitude et sa générosité. Elle ne comprendrait même pas la véritable nature de ce sentiment et l'attribuerait à de la faiblesse et à de la crainte.

Ne compromettons pas l'avenir. Prenons des

gages sérieux. Si, par impossible, nous nous trom-
pions en le faisant, il serait facile de réparer notre
erreur en les restituant. N'oublions jamais, en tous
cas, qu'une erreur en sens contraire serait définitive et que des gages non pris, des précautions
oubliées, des sécurités négligées seraient une
faute irrémédiable.

TABLE DES MATIÈRES

———

SAINT-DENIS. — IMP. Vᶜ BOUILLANT ET J. DARDAILLON.

LIBRAIRIE FÉLIX ALCAN, 108, boulevard Saint-Germain, Paris (VIᵉ)

BRERETON (CLOUDESLEY). — **Qui est responsable?** Traduction de l'Anglais et avant-propos de E. LEGOUIS, professeur à la Sorbonne. 1 brochure in-8°, 2ᵉ édit........................ 1 fr. 25

OURGIN, professeur au lycée Louis-le-Grand. — **Le Militarisme allemand**. *Ce qu'il est. Pourquoi il faut le détruire.* 1 brochure in-8°......................... 1 fr. 25

HALMERS, directeur du Muséum d'histoire naturelle de Londres.. **Le Darwinisme et la Guerre.** Préface-lettre de M. ÉM. BOUTROUX, de l'Académie française. 1 volume in-16............ 2 fr. 50

ONSTANTIN (le Capitaine A.). — **Le Rôle sociologique de la guerre et le Sentiment national.** 1 volume in-8°, cart. à l'angl................................. 6 fr. »

ÀULTIER (PAUL). — **La Mentalité allemande et la Guerre.** 1 brochure in-8°........................ 1 fr. 25

GUYOT (YVES), ancien ministre, rédacteur en chef du *Journal des Économistes.* — **Les Causes et les Conséquences de la Guerre.** 1 vol. in-8°, 2ᵉ édit., avec une préface nouv. 3 fr. 50

HOVELAQUE, inspecteur général de l'Instruction publique. — **Les Causes profondes de la Guerre** (*Allemagne-Angleterre*). 1 brochure in-8°, 2ᵉ édit..................... 1 fr. 25

OSEPH-BARTHÉLEMY, professeur à la Faculté de droit de Paris. — **Les Institutions politiques de l'Allemagne contemporaine.** 1 volume in-16.......................... 3 fr. 50

ÀNESSAN (J.-L. DE), ancien ministre. — **Les Empires germaniques et la Doctrine de la force.** 1 volume in-16. 3 fr. 50

E BON (Dr GUST.). — **Lois psychologiques de l'Évolution des peuples.** 1 volume in-16, 12ᵉ édition, avec introduction nouvelle.......................... 2 fr. 50

IARTIN (WILLIAM). — **La Crise politique de l'Allemagne contemporaine.** 1 volume in-16.................. 3 fr. 50

IAXWELL (J.). — **Psychologie sociale contemporaine.** — 1 volume in-8°......................... 6 fr. »

OYSSET (H.). — **L'Esprit public en Allemagne vingt ans après Bismarck.** 1 volume in-8°, *couronné par l'Académie française.*......................... 5 fr. »

ETIT (Prof. GABRIEL) et M. LEUDET. — **Les Allemands et la Science.** Préface de M. PAUL DESCHANEL, de l'Académie française. *Opinions de savants.* 1 volume in-16....... 3 fr. 50

SAINT-DENIS. — IMP. Vᵉ BOUILLANT ET J. DARDAILLON, 47, BOUL. DE CHATEAUDUN.

www.ingramcontent.com/pod-product-compliance
Lightning Source LLC
Chambersburg PA
CBHW060025100426
42740CB00010B/1598